BERGSON
L. Kolakowski

철학의 샘을 만든 사람들 ④

베르그송

L. 콜라코프스키 지음

고승규 옮김

지성의 샘

이 책의 번역 대본은 영국 옥스퍼드 대학 출판부에서 발행된 'Past Masters' 시리즈 중에서 콜라코프스키(Leszek Kolakowski)가 쓴 《BERGSON》 1985년도 판을 옮긴 것이다.

옮긴이의 말

 철학을 한다는 것은 방법 혹은 관점을 갖는 것이라 할 수 있다. 방법에는 전통적인 경험적 방법, 분석의 방법에서부터 오늘날의 해석의 방법, 해체의 방법 등 여러 가지가 있다.
 그러면 베르그송이 철학하는 방법은 무엇일까? 그것은 직관의 방법이다. 직관적 방법이란 대상에 대한 정신적(내적) 체험이며 이는 대상과의 일치(一致)를 통한 지적 공감(知的 共感)을 의미한다. 베르그송에 따르면 분석적 방법은 항상 이미 만들어진 개념들로 대상들을 쪼개기 때문에 '본질'의 겉만을 맴돌 뿐이며, 따라서 본질의 개념을 왜곡할 수밖에 없다는 것이다. 이러한 분석의 방법은 경험의 방법과 더불어 철학사에 있어 지배적 경향이었으며, 오늘날 거의 모든 사람

7 옮긴이의 말

들에게 인식의 수단으로 제공된다. 그러나 이러한 방법들은 베르그송이 볼 때 한계가 있으며 '의식(정신)'의 영역에는 적용될 수 없다. 직관의 방법만이 그에게 있어 가장 확실한 철학의 방법이다. 베르그송은 직관의 방법으로 그의 철학체계를 구축함에 있어 주로 이분법적 대조를 하고 있다. 즉 물질과 생명, 뇌와 영혼, 육체와 정신, 정적 종교와 동적 종교 등의 대조를 통해 새로운 인식의 퍼스펙티브(perspective)를 개척한다.

베르그송 철학사상의 가장 독창적인 이론은 실재 시간과 생의 약동이다. 그는 물리학적 시간이 우리가 실용적 목적에 사용하려고 만든 추상적 고안일 뿐이며, 우리가 실제적으로 경험하는 '실재(real)' 시간은 '지속(durée)'이라고 말한다. 또한 물질은 영원한 '생의 약동(élan vital)'에 의해 추진되며, 우주의 생명은 지속적인 창조의 과정이며 예측할 수 없다고 주장함으로써 무(無)로부터의 창조를 부정한다. 이러한 베르그송 철학의 독창성은 오늘날 우리의 정형화된 사고의 틀에 다양성을 제공하기에 충분하다고 생각된다.

이 책은 토마스(Keith Thomas)가 책임 편집하고, 옥스퍼드 대학 출판부가 펴낸 '과거의 거장들(Past Masters)' 중 한 권으로 1985년 콜라코프스키(Leszek Kolakowski)에 의해 쓰여졌다. 지은이 콜라코프스키는 폴란드인으로서 바르샤바 대학(University of Warszawa)의 역사철학과 교수로 1968년까지 재직했지만 그 해에 정치적 이유로 영국에 추방되어 옥스퍼드 대학에 머무르고 있다.

  끝으로 이 책의 번역 기회를 주신 강원대 철학과 李光來 선생님께 늘 감사드리며, 마지막까지 이 작업에 수고를 아끼지 않은 정승태 님과 열심히 교정작업을 해준 권지혜 님에게 진심으로 고마움을 표한다.

1994. 5.
고승규

■ 베르그송에 인용된 저작과 약호

이 책에서 언급되는 문헌의 약어는 다음을 따르며, 이는 1970년 프랑스 대학(Universitaires de France) 출판부의 앙드레 로비네(André Robinet)가 편집한 베르그송의 전집 《Oeuvres》의 표준 편집을 따른다.

C. 《창조적 진화(Creative Evolution)》
E. 《의식에 직접적으로 주어진 것에 관한 시론(Essay on the Immediate Data of Conciousness)》
M. 《물질과 기억(Matter and Memory)》
R. 《웃음(Laughter)》
S. 《정신적 에너지(Mind-energy)》
T. 《도덕과 종교의 두 원천(The Two Sources of Morality and Religion)》
W. 《기록과 말(Écrits et paroles)》
P. 《사유와 운동(La Pensée et le mouvant)》

차 례

■ 옮긴이의 말 · 6
■ 베르그송에 인용된 저작과 약호 · 9

베르그송의 주요 약력 · 13
1. 과학을 넘어서 · 17
2. 시간과 부동성 · 32
3. 직관과 지성 · 49
4. 정신과 육체 · 67
5. 생명과 물질 · 88
6. 사회와 종교적 믿음 · 114
7. 비판과 추종자들 · 136

■ 인명해설 · 161
■ 베르그송의 저작들 · 166
■ 영어 번역본 · 168
■ 베르그송에 관한 저작들 · 169
■ 찾아보기 · 173

■ 일러두기

① 책 내용에 언급되는 외국의 인명이나 지명은 현용 맞춤법에 기준하여 표기하였음.
② 부호는 아래와 같이 표기함.
  • 《 》: 단행본이나 책으로 출간된 제목.
  • 〈 〉: 논문이나 단편 혹은 작품의 제목(예술작품 등).
③ 베르그송에 나오는 인용문의 경우, 인용된 책 이름을 원서에 있는 약어를 그대로 표기하였음.

베르그송의 주요 약력

　베르그송(Henri Bergson : 1859~1941)의 삶은 학구적이면서 평탄하였다. 그는 1859년 10월 18일 파리에서 태어났다. 그의 아버지는 폴란드계 유태인으로 음악교사이자 작곡가였으며, 어머니는 북잉글랜드계 유태인이었다. 그런 어머니 덕분에 베르그송은 어릴 때부터 영어에 익숙해 있었다.
　베르그송은 꽁도르세 고등학교(Lycée Condorcet)를 졸업한 후 1878년에 고등사범학교(École Normale)에 입학했다. 같은 해에 장 죠레(Jean Jaurès : 1859~1914)가 그 학교에 입학했으며, 뒤르껭(Emile Durkheim : 1858~1917)은 한 해 먼저 입학해 있었다. 1881년에 고등사범학교를 졸업한 베르그송은 고등학교 철학교사로 임명받아 앙제(Angers) 고등학교를 시작으로, 1883년에는 끌레르몽 페랑(Clermont-Ferrand) 고등학교에서, 1888년에는 파리로 돌아와서 세 고등학교에서 철학을 가르쳤다. 그 중에서도 앙리 4세(Henri Ⅳ) 고등학교에서 가장 오랫동안(1890~1898) 있었다.

1898년에 그는 고등사범학교에서 조교수(영국 대학의 강사와 거의 비슷한 등급)로 임명받았다. 조교수 당시에 그의 첫번째 저작이며 박사학위 논문인 〈의식의 직접적 소여에 관한 시론(Essai sur les données immédiates de la conscience)〉과 라틴어로 된 논문인 〈아리스토텔레스에 있어서 장소의 개념(Quid Aristoteles de loco senserit, 1889)〉을 함께 출판했으며, 1896년에는 《물질과 기억(Matière et mémoire)》을 출판하였다. 소르본느 대학의 교수가 되기 위해 그는 두 번(1894년과 1898년)이나 지원했으나, 뒤르껭의 방해로 번번히 실패하였다.

1891년에 베르그송은 루이 뉘베르제(Louise Neuberger)와 결혼했다. 그들 사이에서 태어난 외동딸은 귀머거리였지만 훗날 화가가 되었다.

베르그송은 1900년에 꼴레쥬 드 프랑스(Collège de France)의 교수가 되었으며, 이듬해에는 '도덕·정치학 아카데미'의 회원이 되었다. 그는 1900년에 《웃음(Le Rire)》을, 1907년에는 《창조적 진화(L'Évolution créatrice)》를 출판했는데, 이 책은 곧 엄청난 인기와 세계적 호평을 받았다. 그리고 그는 여행을 많이 하지 않았으나, 1911년에는 옥스퍼드와 버밍엄에서, 1913년에는 뉴욕에서 강연을 했다.

1914년 베르그송의 주요 저작들은 교황청에 의해 금서목록으로 올려졌다. 마리탱(Jacques Maritain : 1882~1973, 프랑스 철학자로서 카톨릭 혁신운동의 지도자가 되어 새로운 기독교적 인도주의를 제창)이 이를 추진했다 하는데, 그 이유는 카톨릭 근대화를 찬성하는 자들 사이에서 베르그송의 명성이 높기 때문이라고 한다. 같은 해에 그는 '프랑스 아카데미'의 회원이 되었다.

1차 세계대전 동안 베르그송은 가끔씩 당면한 문제들에 관해 짧은 논문들을 출판했으며, 1917년 2월에는 미국으로 외교여행을 떠났다. 그의 임무는 미행정부와 대통령에게 미국이 전제주의에 대항하여 전쟁에 참여해야 한다고 설득시키는 것이었다. 그의 노력이 어느 정도까지 그 일에 영향을 끼쳤는지는 평가하기 어렵다. 그러나 전쟁 후 그는 '지적 협력에 관한 국제 협의회'의 의장으로 선출되어 1925년까지 일을 했다.

1919년에 그는 주로 정신과 육체의 문제에 관해 1900~1914년 사이에 쓴 논문들을 모은 《정신적 에너지(*L'Énergie spirituelle*)》를 출판했으며, 1922년에는 그의 다음 저작인 《지속과 동시성(*Dureé et simultanéité*)》을 출판하였다. 이 책은 상대성 이론의 의미와 결과를 아인슈타인(Albert Einstein : 1879~1955)과 논의한 것이다.

1927년에 베르그송은 노벨 문학상을 받았다. 1932년에는 그의 마지막 주요 저작인 《도덕과 종교의 두 원천(*Deux sources de la morale et de la religion*)》이 출판되었으며, 그보다 2년 뒤에는 1903년까지 거슬러 올라가는 논문 모음집인 《사유와 운동(*La Pensée et le mouvant*)》이 출판되었다. 이 책에는 이전에 발표된 적이 없는 두 편의 논문이 포함되어 있다.

1937년에 베르그송은 그가 쓴 유서에서 반유태주의가 성장하지 않았다면 카톨릭 교회의 세례를 받았을 것이라고 말하고 있다. 그리고 그는 박해받는 자들 사이에 남기를 원했으며, 동시에 그의 어떠한 원고나 편지, 또는 논문의 출판도 정식으로 금지한다고 하였다.

베르그송은 1941년 1월 3일 유태인으로 등록받기 위해 장시간 줄을 서 있다가 감염된 폐렴으로 인해 나치 점령하의 파리에서 사망했다.

1. 과학을 넘어서

베르그송의 주요 사상

오늘날의 지적인 삶에서 베르그송(Henri Bergson : 1859~1941)의 위치 — 말하기엔 좀 부족하지만 — 를 살펴보면 우리는 몇십 년 전 그가 유명한 사상가이자 작가였다는 사실을 쉽게 알 수 있다. 왜냐하면 유럽의 교육받은 대중들의 눈에는 분명 그는 당대의 뛰어난 지적 대표자이며 철학자였기 때문이다. 그의 명성은 1차 세계대전 전 해인 1907년 《창조적 진화(*Creative Evolution*)》가 출판된 후 절정을 이루었다. 그의 명성은 1920~1930년대에 전유럽에 걸쳐 폭넓은 영향을 끼쳤으나, 2차 세계대전 후에는 거의 사라졌다. 그의 절정기 때에

명성과 영향은 1940년대 후반과 1950년대 초반에 풍미했던 사르트르(Jean-Paul Sartre : 1905~1980)와 비교될 수 있을 정도였다. 꼴레쥬 드 프랑스(Collège de France)에서 베르그송의 강의는 매주마다 파리의 명망 있는 지식인들이 참석하는 사회적 사건이었다.

1차 세계대전까지 발표된 그의 주요 저작들은 영국·독일·폴란드 그리고 러시아에서 출판되었으며, 그 저작들의 일부는 다른 언어로 번역되어 출판되기도 하였다. 당시 프랑스 대중문학계는 그의 새로운 철학을 격찬하거나 격렬히 비판하는 논문들과 저서들로 주류를 이루었다. 1914년 교황청은 그의 저작들을 금서목록으로 규정했는데, 그것은 비카톨릭계 작가들에게는 매우 드물게 적용되는 조치였다. 바로 그러한 조치는 베르그송이 프랑스 카톨릭 지식인들에게 얼마나 지대한 영향을 주었는지를, 그리고 그의 저작들이 교회의 견해에 대해 얼마나 불손했는지를 증명하는 것이다.

이런 분위기는 오래가지 않았다. 즉 베르그송과 동시대 인물인 후설(Edmund Husserl : 1859~1938)과는 달리 그의 사상은 생명 없는 고전으로만 취급되어졌다. 더군다나 프랑스에서조차도 그의 저작에 대한 관심은 미미할 뿐이었다. 언젠가는, 어디서, 누군가가 베르그송에 대한 박사학위 논문을 쓰겠지만, 오늘날의 철학자들은 베르그송이 남긴 유산에 거의 무관심하다고 말해도 좋을 것이다. 베르그송의 주장과 통찰들이 실존철학에 남아 있긴 하지만, 그 의미는 완전히 변해

버렸다. 베르그송 철학의 영향과 소멸은 모두 문화적 현상으로 봐야 하며, 지난 반세기 동안 유럽 정신의 일반적 변화의 한 측면으로 간주되어야만 한다.

베르그송은 〈철학적 직관(Philosophical Intuition)〉이라는 그의 논문에서, 위대한 철학자들이 말하는 것은 저마다 한 가지뿐이며 그들은 단지 그것을 표현하려는 시도에만 급급할 뿐이라고 주장하고 있다. 이러한 주된 통찰은 항상 매우 단순하다. 그러나 철학자들은 보통 그 주위를 맴돌 뿐이며, 그것을 여러 복잡한 구조 속에 감추어서 마침내 그것을 명확히 하는 데 실패한다. 그래서 그것의 과제는 그의 독자들과 주석가들에게 남겨지게 된다.

베르그송이 언급한 것을 만약 그 자신에게 적용시킨다면, 우리는 '시간은 실재한다'라는 단일한 개념으로 그의 철학을 요약할 수 있을 것이다. 이 개념은 특별히 계몽적이거나 독창적이거나, 혹은 자극적인 것으로 들리진 않는다. 그러나 우리가 그것의 의미를 일단 연구해보면, 그것은 하나의 핵심으로 판명되며, 그것으로부터 어떤 전체적인 새로운 세계상이 전개될 수도 있다.

첫째, '시간이 실재한다'는 것은 어떤 의미에서는 미래가 존재하지 않는다고 말하는 것이다. 결정론자들에게 있어 모든 사건은 기존의 상황 속에 이미 만들어진 실재를 드러내는 것에 지나지 않는다. 그러나 베르그송에 따르면 이것은 사소한 문제에 불과하다. 즉 결정론자들이 말하는 사건의 과정은 마치 시간이 이야기 전체가 들어 있는 한 통의 필름을 푸는 영사기처럼, 영원성에 앞서서 미리 쓰여진 하나의 운명을 나타내는 데 있다. 그러나 베르그송에 있어 우주의 생명은 하나의 창조적 과정이며, 이 과정을 통해 새롭고 예측할 수 없는 어떤 것이 매순간마다 나타난다.

둘째, 이것은 어떤 물리방정식도 — 고전 물리학이든 상대성 물리학이든 간에 — 시간을 적절하게 다루지 못하며 우리가 그것에 적절히 접근하지 못한다는 것을 의미한다. 물리학에서 시간은 실재하지 않는다. 과학과 일상생활에서의 시간은 마치 공간의 다른 종류인 것처럼 인식된다. 즉 일련의 동질적인 부분들이 차례로 놓여 막연히 하나의 긴 선을 구성하고 있는 것처럼 인식된다. 이러한 시간은 우리가 실제로 목적을 위해 필요로 하는 인위적이고 추상적인 허구이다. 만일 실재하는 모든 것이 하나의 단일한 그림에서 동시에 표현된다면, 물리방정식에서는 아무것도 변하지 않는다. 베르그송이 지속 (durée — '지속duration'은 적절하게 번역된 것이 아니다)이라고 부르는 실재 시간은 동질적인 것도 나눌 수 있는 것도 아니다. 그것은 운동으로부터 추상된 성질이 아니라 우리 각자에게 존재하는 것이다. 말하자면 우리는 그것을 직접적인 경험을 통해 직관적으로 알게 된다.

셋째, 그런 까닭에 실재 시간은 기억을 통해서만 가능하며 과거는 기억의 충만함 속에서 축적된다. 물리학의 추상적인 시간에서는 어떤 한 부분도 다음 부분으로 보존되지 못한다.

단지 그것들은 서로 무관한 연속으로 연결되어질 뿐이다. 실재적인 지속에서는 아무것도 상실되지 않으며 아무것도 역전될 수 없다. 즉 각각의 순간은 실재적인 지속에서 과거의 전체적인 흐름을 나르는 것이지, 새롭게 되풀이될 수 있는 것이 아니다. 왜냐하면 인간 정신이 육체로부터 독립되어 육체가 소멸된 후에도 살아남는 것처럼, 과거의 일은 사라지나 과거의 기억은 사라지지 않기 때문이다.

넷째, 만약 실재 시간이 기억의 특성을 갖는다면, 그리고 그것의 본질이 심리학적이라면, 시간의 제한을 받는 우주에 대해 말할 때도 우주의 진화를 정신과 같은 성질로 표현하는 것이 된다. 베르그송은 그것이 실제로 사실이며, 더 나아가 진화의 과정, 특히 유기체의 진화는 실제로 정신의 작용임을 밝히려고 한다. 진화론은 본질적으로 물질 자체는 창조적인 신성(神性)의 구조 내에서만 이해될 수 있다는 유심론자의 세계상 속에서 구체화된 것이다.

그러나 그렇게 이해되었다고 해도, '시간이 실재한다'는 외관상 단순한 관념은 논의의 여지가 없는 자명한 이치가 결코 아니다. 이것을 뒷받침하는 것은 베르그송이 제시한 논증 과정에 있다. 그는 가능한 경험과 밀접한 관계를 유지하길 원한다. 즉 유럽 철학의 주류와는 대조적으로, 경험과학의 순수성에서 형이상학의 결과를 보지 못하게 하는 철학적 편견과 그것을 무의식적으로 경험의 자료에 넣는 철학적 편견을 제거할 수만 있다면, 형이상학이란 성립가능하며 그것 역시 경험과학이 축적해 놓은 토대 위에서 구축될 수 있다고 그는 믿는다. 그가 연상론자들의 심리학, 유물론자들의 정신이론, 기계론자들의 진화의 개념 그리고 종교에 대한 순수한 사회학적 해석—그의 네 주요 저작들의 각각의 주제—에 대해 비판했을 때, 그는 그가 공격했던 모든 이론은 경험적 자료에서 결코 공정한 검증을 이끌어낼 수 없으며, 단지 그것에 낡은 철학적 편견을 부과해서 경험적 자료의 의미를 왜곡시킨다고 주장하고 있다. 그의 요구는 사변적인 구조들을 새롭게 짜는 것이 아니라 직접적인 경험이 우리에게 제공하는 것에 충실하자는 것이다.

베르그송은 그의 철학 형성기 당시 프랑스와 유럽의 주요 사상인 실증주의와 칸트주의에 대항했다. 그는 전자와는 다르게 전통적인 형이상학적 의문들이 합리적으로 해결될 수 있음을 증명하려 했다. 또 후자와는 달리 형이이상학적 의문들을 해결하기 위해서 우리는 경험의 소리에 귀기울여야 하며, 만약 정신이 선험적(a priori)인 구조를 갖고 있다면 그것은 인식적인 목적에서라기보다는 실제적인 편리를 위해서 있어야 한다고 주장하였다.

이것이 그의 철학이 '해방'— 마리탱(Jacques Maritain : 1882~1973, 후에 베르그송을 가장 심하게 비판했던 인물 중의 하나) 또는 페기(Charls Péguy : 1873~1914)와 같은 그 당시의 인물들에 의해 흔히 사용되었던 용어— 의 도구로서 많은 사람들에게 환호받았던 이유이다. 그러면 베르그송은 프랑스의 지적(知的) 생명이 무엇으로부터 해방되었다고 가정했는가? 프랑스의 지적 생명은 과학주의와 떼느(Hippolyte Taine : 1828~1893) 또는 르낭(Joseph Renan : 1823~1892)의 종교과학으로부터의 해방이었다. 즉 19세기 중엽에 성립된 자연과학이 우리에게 참된 지식의 최고 모델을 제공했다는 신념, 타당성과 진리에 대한 모든 기준은 경험적이고 수학적인 과학의 절차에서 확립되었다는 신념, 그리고 이런 이름에 걸맞는 모든 인식적 결과들은 그것들의 합법성을 이런 기준의 정확한 적용에서 찾는다는 신념으로부터 해방이었다. 그것은 기계론, 즉 우주에서 발생하는 모든 사건들은 뉴턴 역학의 법칙에 따라 물질입자의 공간적 변위를 이룬다는 믿음으로부터, 그들이 연구한 현상을 설명하는 것이 모든 과학 ─ 특히 생명과학 ─ 의 본질적인 이상이며, 궁극적으로는 물리학의 모든 지식 분과를 감소시킨다는 신념으로부터의 해방이었다. 미래는 항상 그것의 상세한 항목에 의해 결정되고, 특히 '자유로운 선택'이나 '창조성' 같은 용어 사용은 원인에 관한 우리의 무지의 결과이고, 사실 우주의 어떤 주어진 상태도 되풀이될 수 없다는, 즉 어떤 변화들도 절대로 변경될 수 없다는 결정론자들의 논쟁으로부터의 해방이었다. 또한 정신현상에 관한 유물론자들의 해석과 연합의 법칙에 의해 정신의 생명을 설명하려는 시도로부터의 해방이었으며, 생명의 의미, 인간성의 요구, 우주의 기원, 존재의 여러 형식들간의 질적 차이에 관한 의문을 포기하는 실증주의자로부터의 해방이었다. 그리고 우리의 지식은 지각의 우연적인 재료를 우리의 지성이 그것에 부여하는 필연적 형식들의 도움과 종합하는 데 있으며, 그럼으로써 실재와 정신의 직접적 접촉은 불가능하게 된다는 칸트(Immanuel Kant : 1724~1804)의 이론으로부터 해방 등이었다.

창조성과 우주의 질적 성장에 관한 베르그송의 형이상학이 당시의 지배적인 경향과는 대립되었지만, 그는 자신이 믿었던 것이 유럽 정신에 위배된다고 반응하지는 않았다. 그는 수십 년 전에 구축되었던 과학의 전체적인 틀을 받아들이고 그것을 독단적인 철학적 요소들로부터 자유롭게 하기를 원했다. 그는 과학의 가치와 분석적 이성의 가치를 결코 잊지 않았다. 대신 그는 그것들의 가치가 그것들의 본질에 의해 창조성과 시간의 사실들을 파악할 수 있는 것이라고 주장했다. 그래서 그는 기존의 뇌생리학, 진화론, 또는 종교적 현상에 관한 사회학적 탐구를 통해 발견된 것을 문제삼지 않는다. 즉 베르그송은 편견 없는 정신에 의해 그것이 연구되었을 때, 그 연구의 결과는 우주의 의도적인 질서, 육체로부터 영혼의 독립, 세계에서 팽창하고 있는 신적 에너지의 현존 그리고 존재의 근원과 우리의 가능한 접촉을 배재하기는 커녕,, 비록 반드시 수반되진 않더라도 사실 이 학설에 토대를 제공한 형이상학을 강하게 보여주려고 했다.

그가 선호하는 분석방법은 소위 '다시 자르기(recoupage)'라는 것이다. 즉 질문에 답하고자 애쓸 때 그는 서로 대비되는 개념체계 속에 깊숙히 박혀 존재하는 두 가지 해결에 직면한다. 그래서 그것들의 중복된 관점, 즉 그것들이 공통으로 갖고 있는 것을 묻고 그것에 근거해서 그는 그것들이 문제라고 부르는 바로 그 방식 속에 숨겨진 거짓 가정을 공유했음을 보았다. 따라서 그는 기꺼이 문제의 근원을 공격한다. 그는 이런 절차를 사용해서 결정론자들과 비결정론자들이 동일한 잘못을 갖고 있음을 인정하며, 유물론자들과 심신병행론을 고수하는 사람들, 기계론자들과 목적론 옹호자들, 실재론자들과 관념론자들 모두가 동일하게 잘못된 가정을 갖고 있음을 증명하였다.

생물학적 접근

기묘한 일치는 다윈(Charles Darwin : 1809~1882)의 《종의 기원(On the Origin of the Species)》(그리고 사적 유물론에 대한 해설로 유명한 칼 마르크스Karl Marx의 《정치 경제학 비판 (Critique of Political Economy)》)이 출판되던 바로 그 해 1859년에 베르그송과 후설이 태어났다는 사실이다. 그들은 다윈의 연구 결과가 유럽 정신에 미쳤던 변화에 대해 각자 전혀 다른 관점에서 반응했던 가장 중요한 사상가들이다(다른 위대한 변혁자인 프로이트 Freud는 그 3년 전에 태어났다).
진화론이 철학에 미친 영향 가운데 하나는 데카르트주의와 작업이다.

유럽 사유의 새로운 경향

회고해보면 우리는 베르그송 철학을 1890년대부터 유럽에 스며든 문화적 경향인 '모더니즘(Modernism)' 또는 '신낭만주의(Neo-Romanticism)'라고 불려지는 가장 두드러진 이론으로 인식하곤 했다. 이러한 공격은 철학에서는 기계론과 결정론, 윤리학에서는 공리주의, 진보에서는 낙관주의적 확신, 문학에서는 자연주의와 교훈주의, 정치 이데올로기에서는 집산주의(集散主義)를 그 주요 목표로 삼는다. '생명'은 그 시대의 가장 강력한 표어였다. 그리고 '생명'은 불활성물질뿐만 아니라 계산적인 이성의 우위성과 분석적 정신의 집중에도 대립되었다.

외관상으로는 종교적이고 형이상학적인 신비가 물리학과 과학의 파기할 수 없는 판결에 의해 영원히 사라진 것처럼 보이지만, 그것들은 양도할 수 없는 권리를 거듭 주장하면서 다시 나타났다. 베르그송은 이성론자들의 주장에도 불구하고 이성 그 자체는 바로 생명의 기관이며, 실재를 견고한 상상력의 허구로부터 분리했던 최고의 판단자가 아님을 드러냈다. 또한 베르그송은 세계는 과학이 그것에 부과했었던 인위적인 제한에 한정된다는 이성론자들의 주장을 거부하였다.

하지만 세계의 신비스럽고 알 수 없는 측면들은 이성주의자들이 어떻게 판단하든지 간에 우리의 경험과 늘 함께 한다. 신예술(Art Nouveau : 프랑스에서 일어났던 이 운동은 '새로운 예술'이라는 뜻을 가지고 우아한 곡선을 특색으로 하여 벨기에를 중심으로 주로 건축공예에 나타났던 양식-역주)은 일상에서 이용하는 사물들을 식물과 비슷하게 만들고, 자연과 인간의 기술적인 노력 사이의 경계를 없애기 위해 대상들을 구체화하였다. 시대정신(Zeitgeist : 어느 역사적 시대에 있어서의 주재主宰적인 정신의 경향-역주)의 경향은 한편으로는 의사-주관적(quasi-subjective) 에너지에 의해 충만된 것으로 세계를 인식하는 것이다. 다른 한편에서 그것은 인간의 인격성을 분해시킬 수 있으며 '대양에의 향수(nostalgia of the ocean)'에 의해 넋을 잃게 되는 이런 지배적인 정신의 통일성을 강조하는 것이다.

사람들은 쇼펜하우어(Arthur Schopenhauer : 1788~1860)와 니체(Friedrich Nietzsche : 1844~1900)의 명성과 함께 동양의 종교와 전설에서, 그리고 비술의 해명에서 강렬한 흥미를 관찰할 수 있다. 이러한 '주체성 회복(restitution of subjectivity)'이라는 동떨어진 메아리는 19세기 결정론자들의 복음의 포기와 사회주의 운동의 새로운 경향인 '주의주의자(主意主義者 : 그 전형적인 대표자로는 레닌, 무솔리니, 소렐이 있다)'의 출현을 들 수 있을 것이다.

메테르랭크(Maeterlinck)의 드라마, 즉 비극적이며 또한 칸트주의의 전통으로부터 그들 사상의 핵심이 의식의 중성화라는 접근으로 변화가 있었다는 것이다. 즉 인간의 인식행위를 포함한 인간 정신은 육체기관으로서, 그리고 환경에 대항한 생존투쟁에서 우리의 신체조직을 돕는 자기 방어의 도구로서 보여져야만 한다. 우리의 지각행위의 유일한 의미는 외적 자극에 의해 끊임없이 파괴되는 평형 상태를 보존하는 데 있다. 그리고 우리의 개념장치의 유일한 목적은 경험에서 획득된 결과들을 추상적 사고의 축소된 형식으로 저장하는 것이다. 따라서 지식의 '타당성'은 생물학적 유용성에 있다. 즉 세계 그 자체와 세계상의 정신 속에서의 일치인 '동일함'의 전통적 의미에서 '진리'에 관한 물음은 '실체'·'원인'·'자아'의 개념 — 흄(David Hume : 1711~1776)은 그것 모두를 바르게 제거했다 — 들과 함께, 정신적 요소와 육체적 요소간의 구별, 내적 세계와 외적 세계간의 구별도 형이상학적 미신으로써 포기되어야 한다. 경험비판론자들, 특히 아베나리우스(Richard Avenarius : 1843~1896)와 마하(Ernst Mach : 1838~1916)에 의해 지지된 이러한 논증들은 전통적인 형이상학 전체를 공격할 뿐만 아니라 모든 인식론적 의문을 무의미하게 만든다. 이것은 상대론자가 무제한적으로 지식에 대한 실용적 개념을 인식행위의 유용성과 동일시했던 결과이다.

후설은 극단적인 상대주의의 위험한 순환을 지적함으로써 이런 생물학적 접근의 회의적 결과에 반대했다. 상대론의 옹호자들은 '진리'란 생물학적으로 기능적 행위의 측면일 뿐이라고 주장한다. 따라서 그들은 그 논증을 정상적 의미에서 진리로 받아들인 과학적 발견에 근거시킨다. 그들은 추상적 개념의 삽입을 통해 지워진 경험을 찾는다. 하지만 그들은 단지 무엇이 순수경험인지 아닌지를 정의하기 위해서 그런 추상적인 장치를 사용했다. 또한 후설은 인식행위가 우리의 일상경험을 해석하는 데 영향을 주는 생물학적·사회학적·심리학적 또는 역사적 구조 전체에 의존하지 않는 인식의 순수주체를 구성하려고 노력했다.

반면에, 베르그송은 생물학적 접근을 지식에 관한 분석에 동화시키려고 했다. 그러나 그는 그것의 의미를 근본적으로 바꾸는 중요한 두 가지 제한을 그것에다 가하였다. 첫째로, 그는 우리의 분석정신은 일상생활에서나 과학적 탐구에서 모두 본질적으로 삶의 실제적 기관이라고 주장하였다. 즉 이것은 참으로 존재하는 실재에 관심을 갖는 것이 아니라 그것의 잠재적 유용성에만 관심을 갖는 것이다. 말하자면 그것은 세계의 본질적인 성격에 따르는 것이 아니라 바로 인간의 생물학적 요구에 따라 세계를 재단하고 재구성하는 것이다. 그럼에도 불구하고 우리는 분석에 의해서가 아닌 직관에 의해서 '실재'와 교감할 수 있는 또 다른 방법이 있다. 둘째로, '삶' 그 자체는 물리법칙의 우연적인 부산물이 아니며, 잘못 적용된 다윈법칙의 기계적인 제거와의 일치를 단순히 따르는 것도 아니다. 그것은 창조적 에너지의 표명이다. 비록 인간 정신이 생물학적 진화의 작업일지라도 진화 그 자체는 정신의 저항할 수 없게 인간의 운명을 만드는 신비한 힘에서 베르그송 철학이 암시하는 것을 연상할 수 있고, 드뷔시(Claude Debussy : 1862~1918)의 음악, 상징주의자의 시, 프루스트(Marcel Proust : 1871~1922) 소설 등을 통해 파괴할 수 없는 기억의 지속성에 대한 베르그송 철학의 묘사가 연상된다. 이런 연상들은 한 시대의 정신을 이끄는 경향을 이해하고 묘사하려는 시도들이 대부분 그런 것처럼 매우 불명확하다. 그러나 그것들은 쓸모없는 것도 아니지만 반드시 독단적인 것도 아니다. 어떤 한 철학자에 대한 폭발적인 인기가 아무리 사소한 진리처럼 보인다 할지라도 결코 그 자신의 우수함에만 근거하지 않는다. 대부분의 분석 지향적인 사상가들은 그런 현상의 출현과 영향에 대한 철학의 의미를 문화적 조건 속에서 탐색하는 것을 싫어했을지도 모른다(철학은 참이거나 거짓이고 음악은 그렇지 않다).

그러나 시대정신에의 참여는 어떤 의식적인 의도가 아니다. 또한 그것은 특별한 문제에 도전하고, 서로 다른 분야에 종사하는 사람들의 무리 속에서 뜻밖에 그들 자신을 발견하는 사상가들의 의도도 아니다. 베르그송은 단지 고등학교 학생들에게 설명해주고자 했던 제논(Zenon : B. C. 334~262)의 역설과 씨름하는 노력에서 출발한다. 제논의 역설은 그와 함께 '시대정신'을 건설하는 데 지대한 공헌을 한 몇몇 사람들을 괴롭혔던 문제였다. 베르그송이 느끼기에 그와 비슷한 방향에서 연구했던 동시대의 유일한 철학자인 제임스(William James : 1842~1910) — 그들은 서로 공감한 느낌을 편지와 각자의 책으로 교환했다—는 전혀 다른 문제로부터 출발한다. 분리되어, 그리고 종종 다른 사람의 존재를 알지 못하고서 문화의 역사에서의 인식가능한 실재의 형태를 설계했던 사람들은 특수한 내용을 기다리고 있었던 것처럼 보이는 비인격적인 정신 공간에서 마주친다. 그리고 그 내용은 관련이 없는 관심과 공통점이 없는 원천으로부터 나온다.

그러나 베르그송과 제임스 중 어느 누구도 그들이 살았던 시대의 불행한 종국을 예견했던 동시대인들과 침울한 분위기를 나누지 않았다는 사실은 언급할 필요가 있다. 즉 이들의 철학은 근본적으로 낙관적이었다.

2. 시간과 부동성

공간적 유추의 오류

베르그송(Henri Bergson)의 저작들을 연대순으로 탐독한 사람이라면 누구나 그의 사상 전개에서 놀라운 일관성을 발견할 수 있다. 그렇다고 우리가 그의 사상 대부분을 미리 계획된 구조물에 의해 전체를 인식한다는 것은 아니다. 오히려 그의 철학은 — 마르셀(Gabriel Marcel : 1889~1973)이 지적했던 것처럼 — 《창조적 진화(Creative Evolution)》에서 표현했던 그런 류의 전개이다. 즉 하나의 과정은 동일한 최초의 노력에 의해 끊임없이 수행되지만, 그 과정의 결과는 실제로 그것이 나타나기 전에는 알 수 없는 것이다. 이것은 우리가 그의 저작에서 애매함이나 모순을 찾을 수 없다는 걸 의미하는 것은 아니다. 그러나 만일 모순이 있다면, 우리는 동일한 최초의 비약(élan)이라는 관점에서 그것들을 설명해야 할 것이다.

베르그송은 그의 사상의 핵심이 무엇인지를 매우 잘 의식하고 있으며, 여러 차례에 걸쳐 그것을 지적함으로써 그의 비평가들, 또는 주석가들의 잘못을 바로잡아 주었다. 다음은 그가 1923년 그의 논문에서 '자신의 모든 연구를 이끄는 관념'에 대해 어떻게 설명했는가를 보여준다.

통찰 속에서 행동의 필연성으로 구성되어지는 지각하고 인식하는 우리의 모든 본질적인 능력을 통해서 우리는 부동성이 운동처럼 실재한다고 믿는다(심지어 우리는 부동성이 운동보다 근본적이고 운동에 선행하며, 운동이 부동성에 '덧붙여진' 것이라고 믿는다). 우리는 다만 이러한 정신 습관의 역전에 의해서 주어진 유일한 실재를 부동성에서 찾는 데 성공한다면, 철학적 문제에 대한 해결책을 찾을지도 모른다. 부동성은 다만 우리 정신이 실재로 취급하는 하나의(단어에 대한 사진적寫眞的 의미에서) 상(象)일 뿐이다(W 3.560).

철학자는 자신의 사유에 대한 전개방식을 인식함에 있어 전혀 오류가 없게 할 필요는 없다. 따라서 어떤 것도 우리가 그것들을 다르게 재구성하는 것을 막지 못한다. 그러나 베르그송의 경우에는 자기 해석의 온당성에 대해 거의 의심의 여지가 없다.

《의식의 직접적 소여에 관한 시론(*Essay on the Immediate Data of Consciousness*)》, 《물질과 기억(*Matter and Memory*)》, 《창조적 진화》, 그리고 《도덕과 종교의 두 원천(*Two Sources of Morality and Religion*)》이라는 네 저서가 베르그송 철학의 전체를 구성한다고 할 수 있다. 분명 다수의 논문, 논설, 그리고 강연들이 그의 사상의 몇몇 결과를 밝히거나, 그의 사상에 대해 좀더 명확한 설명을 제공하지만, 그것들은 결코 일반적인 상을 바꾸지는 못한다. 그리고 '그의 전체적인 사유의 틀'은 베르그송의 저작 어디에서나 나타나며, 표면상의 주제가 무엇이든 간에 그것이 거의 모든 책에서 나타난다는 사실이 종종 주목된다.

베르그송은 지적 발전의 초기 단계에서 후기-다윈 철학의 대가인 스펜서(Herber Spencer : 1820~1903)의 추종자였다. 즉 베르그송은 경험적 자료에 가깝게 머물려는 스펜서의 끊임없는 노력과 철학적 사고의 지도원리를 진보시키려는 그의 대담한 시도에 탄복했다. 그러나 그는 곧 스펜서가 낡은 기계론적 범주들 안에 갇혀 있으므로 삶의 과정의 특성이나 의식의 실재 시간과 물리학의 추상적 시간 사이의 차이를 이해할 수 없다는 결론에 도달했다. 따라서 그는 새로움에 대한 결정적인 현상으로 스펜서의 탐구를 뛰어넘게 된다.

위에서 언급했던 것처럼, 초기 베르그송 철학의 발전은 제논(Zenon)의 역설이 어떤 오류를 범하고 있는가를 이해하려는 시도에서 이루어졌다. 우리는 아킬레스가 거북이를 추월할 것을 알면서도, 결코 아킬레스가 거북이를 추월할 수 없을 것이라는 논증이 왜 그럴듯하게 보이는가? 베르그송은 그의 저작과 논문에서 엘레아 학파의 사유, 특히 제논의 역설에서 우리의 지성이 자연스럽게 따르는 사고방식의 패러다임을 보려고 하였다. 왜냐하면 제논의 역설은 지성의 실천적인 행동 지향적 본능을 잘 보여주고 있기 때문이다.

가장 유명한 역설을 상기해보자. 만약 어떤 순간에 거북이가 아킬레스보다 앞서 있다면, 아킬레스는 결코 거북이를 추월할 수 없을 것이다. 왜냐하면 아킬레스가 이전에 거북이가 멈추었던 지점에 도달했을 때에는 아무리 느린 거북이일지라도 이미 그 지점에서 움직였을 것이다. 그리고 아킬레스가 그 다음 지점에 도달했을 때에도 역시 거북이는 그 자리에서 다시 움직였을 것이다. 이런 방식은 무한히 계속될 것이다.

베르그송에 의하면, 이 추론의 잘못은 운동이 갖는 분할불가능한 독특한 행위를 운동이 발생하는 분할가능한 공간과 동일시했다는 것이다. 기하학적 공간은 무한히 분할될 수 있으며, 우리는 움직이는 물체의 궤도를 부분들의 집합점으로, 즉 막연히 논증할 수 있는 다수로서 그것을 인식할 수 있기 때문에 그것은 운동을 불가능하게 만든다(극단적인 견해에서 만약 움직일 수 있는 물체가 있다면, 그 물체는 선의 어떤 부분을 구성하는 무한한 일련의 점들을 통과해야 한다).

제논이 증명한 것은 실제로 아킬레스와 거북이에 의해 이루어진 각각의 운동은 단일하며 분할불가능한 행위이고, 일련의 부동적인 상태로부터 운동을 결코 재구성할 수 없다는 것이다. 이러한 똑같은 혼동이 제논의 모든 논증에 깔려 있다. 예를 들어, 화살에 대한 그의 역설을 살펴보자. 만약 화살이 궤도상 매순간마다 어떤 지점에 있다면, 화살은 매순간마다 정지해 있는 것이다. 따라서 화살은 영원히 정지해 있을 것이다. 그러나 움직이는 화살은 결코 어떤 지점에 머물 수 없다. 그리고 만약 공간에서 출발하는 대신에 운동이라는 사실을 환원할 수 없는 최초의 실재로 간주한다면, 우리는 이것을 쉽게 이해할 수 있을 것이다.

베르그송은 그의 《의식의 직접적 소여에 관한 시론》에서, 운동과 시간을 공간과 혼동하는 것은 우리가 의식적 삶에서 경험하는 실재 시간과 인간의 자유에 대한 본질을 이해하려는 어리석음에 있다는 것을 보여주려 한다. 그는 보다 큰 수가 보다 작은 수를 포함하는 방식과 유사한, 보다 큰 슬픔이 보다 작은 슬픔을 포함하고 있는 방식처럼, 크기가 증가하거나 감소하는 것에 의해 우리의 심리상태의 강도가 변하는 정도에 관한 혼동을 논의했다. 하지만 감정과 감각의 강도는 수 또는 크기와 아무런 관계가 없다. 즉 어떤 심리적 경험도 다른 경험과 양적으로 비교될 수 없다. 심지어 근육과 연관된 감각들조차도 양적인 용어로 묘사될 수 없다. 왜냐하면 증가된 근육의 노력은 오히려 다수의 말초감각들과 다른 감각들의 질적 변화의 증가에 의해 지각된 것이기 때문이다. 만약 우리가 이것을 크기에 대한 어떤 차이로 의미한다면, '보다 큰' 분노, 또는 '보다 작은' 분노같은 것은 없다. 즉 차이는 질적이며, 그것을 수적으로 표현하려는 시도는 감정을 그것의 원인 또는 그것의 심리적 결과와 혼동하는 것에서 야기된다. 뜨거움과 차가움의 감각은 온도계의 정도에 따라 서로 다른 것이 아니다. 따라서 모든 심리적 사실들은 순수한 질(質)이다.

제논의 동일한 혼동은 시간에 대한 추상적 개념의 밑바탕에 놓여 있으며, 단일하고 분할불가능한 특성을 공간이나 일련의 수처럼 동질적인 실재 속에의 단위로 환원시키는 데 있다. 추상적·동질적 그리고 무한히 분할할 수 있는 시간은 하나의 기호, 즉 실재 지속의 상징적 표현이지만 다른 외적인 어떤 구분도 갖지 않는 지속 그 자체는 아니다. 왜냐하면 시간에 대한 우리의 경험에서 이런 종류의 분리는 현재와 이전 상태 사이에서 성립될 수 없기 때문이다.

아직까지 혼동은 자연스럽고 매우 유용하며 참으로 없어서는 안될 것이다. 우리는 우리가 살아가는 사물의 세계를 떠나서, 그리고 정신의 실제적인 지향를 포기하고 대신 사심없는 숙고의 태도를 취해서 우리의 내적 경험에만 집중할 때 순수지속을 지각하게 된다. 그러나 우리의 지성은 불활성물질을 적절히 다루고, 그것을 삶의 필요에 따라 조직화할 수 있는 방식으로 구성된다. 따라서 지성은 우선석으로 생존기관이며 기술적인 숙련에 있어 진보기관이다. 지성의 경향은

질을 양적 차이로, 새로운 현상을 낡은 유형으로, 단일성을 반복성과 추상성으로, 시간을 공간으로 환원하는 것이다.

실재 시간은 우리의 의식적인 삶에 있어서 가장 우수한 형식이다. 따라서 우리는 사물들을 교묘하게 다루기 위해 시간적 차원을 사물 자체에 귀속시켜야만 한다. 그래서 우리는 우리 주위에 인접해 있는 측정가능한 시간을 고안해야만 한다. 실제로 물질에는 시간이 있을 수 없다. 내가 시계바늘의 운동을 따를 때 나는 지속을 측정하지 않는다. 즉 관찰자로서의 내가 없다면, 바늘은 한 위치로부터 다른 위치로의 어떤 실질적인 변화도 없을 것이기 때문이다. 그러므로 '지속의 간격은 우리에게만 존재하며, 우리의 의식상태에 상호침투함으로써만 존재할 뿐이다. 따라서 우리의 외부에서는 공간 즉 동시성만을 발견하게 되는 것이다. 그런 동시성이 객관적으로 서로 이어진다고 말할 수 없다. 왜냐하면 어떤 연속은 현재와 과거의 비교에 의해서 지각되기 때문이다(E 86).'

바꿔 말해, 만약 시간이 실재한다면, 베르그송이 과거는 기억 속에서만 존재한다고 말하는 것은 정당하다. 정의에 의해서 과거는 더 이상 현재일 수 없다. 만약 우리가 세계를 의식적인 관찰자 없이 상상할 수 있다면(물론 상상의 행위가 불가피하게 관찰자를 포함하듯이 그렇게 상상할 수는 없다), 그것은 매순간마다 세계 자체와 완벽하게 동일할 것이지만, 어떤 한 순간에서 다른 순간으로의 이행은 없을 것이다. 단지 기억과 의식만이 세계의 연속성을 유지한다.

시간의 이런 신비와 시간의 정신에 연관된 본질을 최초로 묘사하려고 노력한 것은 베르그송이 처음은 아니다. 성 어거스틴(St. Augustine)은 《참회록(*Confessions*)》에서 그것을 기술했다. 플라톤(Platon : B. C. 427?~347), 아리스토텔레스(Aristoteles : B. C. 384~322), 데카르트(René Descartes : 1596~1650), 스피노자(Baruch Spinoza : 1632~1677), 라이프니츠(Gottfried Leibniz : 1646~1710), 칸트(Immanuel Kant)를 자주 인용했던 베르그송은, 여러 면에서 동일하게 다루기 어려운 수수께끼와 그 자신의 연구에 매우 밀접한 이런 훌륭한 책에 대해서는 전혀 언급하지 않았다는 것이 이상하다. 그러나 이를 유일하게 이해할 수 있는 것은 베르그송이 《참회록》을 읽어본 적도 들어본 적도 없다는 것이다.

우리의 선천적인 플라톤주의

운동과 실재 — 즉 경험했던 — 시간은 분할되지 않으며, 운동이 발생하는 공간으로 환원될 수 없다는 것, 즉 공간과 시간이 우리가 유추적이고 개념적인 범주에서 그 본질을 파악할 수 없는 — 라이프니츠와 칸트의 경우에서처럼 — 매우 다른 실재라는 것을 깨달았을 때, 우리는 결정론의 의문이 새로운 용어로 제기되어야만 한다는 것을 알게 된다. 그리고 우리는 그것의 어법상 언어의 피할 수 없는 한계를 알아야만 한다.

우리는 수많은 육체 중 하나이며, 우리의 정신은 생명의 한 기관으로 육체의 필요에 따라 행위한다. 우리가 물질법칙에 복종한다는 것은 '피상적 자아'를 구성한다는 것이다. 피상적 자아는 공간적으로 동질적인 우주의 일부로 자신을 인식한다. 인격성의 핵인 '심오한 자아'는 개인적이든 사회적이든 간에 삶의 도구가 아니며, 우리의 실제적인 노력의 한 측면도 아니다. 따라서 우리는 대개 그것을 알지 못한다. 비록 '피상적 자아'가 비인격적인 부분으로 보여진다 하더라도 두 자아는 의식의 동일한 흐름의 층(層)이다. 그런 까닭에 의식에 관한 모든 표현인 우리의 감각, 감정 그리고 관념은 '두 가지 측면을 나타낸다. 한 측면은 명료하고, 정확하며, 비인칭적인 것이고, 다른 한 측면은 막연하고, 무한히 동적이며, 표현불가능한 것이다. 따라서 언어는 그것의 운동성을 고정시키지 않고서는 의식을 이해할 수 없다(E 96).'

'심오한 자아'를 묘사하려는 언어의 이러한 무능력은 결코 우연적인 것이 아니라 우리의 언어기관의 본질이다. 우리 지성의 일부인 언어는 본질적으로 일련의 추상적인 기호이다. 언어의 임무는 대상들을 분류하는 것이며, 그 대상들을 개념들로 풀어내는 것이다. 언어가 경험적으로 유일한 추상의 집합이 아니라면, 유일성은 언어의 접근을 초월한다. 어떤 실재 대상도 그들의 수가 무한하듯이, 그것이 속한 다양한 층의 열거에 의해 철저하게 묘사될 수는 없다. 그리고 왜 우리가 그것을 기술하고 묘사하려고 애써야 되는지의 이유도 없다. 우리의 지각과 언어는 우리의 실제적인 필요에 부합되는 세계의 그런 측면만 고려하려고 하며, 그 밖의 다른 측면은 배제하려 한다. 《창조적 진화》에서 베르그송은 우리의 정신을 영화의 기계장치에다 비유했다. 즉 그것은 운동을 필름 속에 있는 움직이지 않는 유한한 그림으로 분해시키며, 그 후에 그것을 재구성한다.

이런 모든 것은 우리가 플라톤주의자이어야만 표현될 수 있다. 즉 우리의 정신은 추상적 실재들이 개별적 대상들보다 더 실질적이고 개별적 대상에 선행하며, 운동성보다 운동이 의미 없는 것이라고 자연스럽게 가정한다. 이러한 플라톤주의는 우리 지성의 선천적인 특성과 실용주의자들의 본질적인 사유로부터 도출된다. 우리의 표현을 살리고 개선하기 위해 우리는 실재 사물들과 아무런 유사점도 가지지 않는 부분 속에서 세계를 분석해야 한다. 왜냐하면 실재 사물은 일반개념들의 집합이 아니기 때문이다. 우리의 언어체계는 시간의 경험을 부동화하는 데 제한된다. 그리고 그것은 운동성의 표현처럼 변화의 표현을 단순히 실행불가능하게 한다.

우리는 이런 이분법이 그것이 나타날 때보다는 덜 엄격하게 적용된다는 것을 알게 될 것이다. 따라서 우리의 지성은 지성 자체를 스스로 초월해나가려고 노력할 수 있다. 그리고 우리의 언어는 — 비록 공간적 관계를 이루더라도 — 지성의 한계를 어느 정도 극복할 수 있으며, 실재에 대한 반플라톤주의의 이해라는 또 다른 길을 열 수 있다. 이것은 사실 베르그송 자신이 어떻게 언어를 사용하려고 했는가를 보여준다. 그리고 이것은 시인들이 사용하는 언어이다.

우리의 자유

자유에 대한 탐구가 시작될 수 있는 것은 궁극적으로 순수지속과 동일한 '심오한 자아(profound self)'에 의해서이다.

기계적 결정주의는 문자 그대로 우리의 의식상태가 우리의 신체 또는 신경조직에서 발생하는 공간적 운동의 완벽한 해석을 암시한다. 그러나 이것은 경험에 의해 확증되지 않을 뿐 아니라 결코 확증될 수도 없는 철학적 편견이다. 그런 점은 우리의 의식행위와 그것들의 물리적 '배경' 사이의 모든 일치 — 명백하거나 덜 명백한 — 가 가장 단순한 의식 사건의 환원불가능성(irreducibility)을 결코 지워버릴 수 없는 것만은 아니다. 그리고 우리가 의식하는 것은 우리 뇌 속의 분자운동이라는 사실을 우리에게 확신시키는 것만은 아니다. 베르그송은 오히려 동기부여와 결정이라는 심리학적 용어를 사용하는 결정론자들과 그들의 반대자들 사이에 발생하는 논쟁을 강조했다.

결정론자들에 의하면 우리의 결정에 있어 '심리학적 요소들'은 단지 다양한 강도로 갈등하는 힘들이며, '자유로운'

결정은 약자에 대한 강자의 승리일 뿐이다. 따라서 그들은 주어진 심리학적 상황에서 대립된 힘의 긴장을 구성하는 오직 하나의 결과만이 가능하다고 믿는다. 반대로 반결정론자들은 많은 결과들은 똑같이 가능하지만 마지막 결과(우리의 심사숙고와 망설임에 따르는 결정)는 예측할 수 없는 것임을 보여주려고 했다. 이들 양자의 견해에 의하면 우리의 의식행위는 기계적인 진폭에 의해 선행된다. 이들은 시간의 실재성을 인식하는 것에 실패하며, 그것을 공간적 표상으로 대체한다. 반면에 심사숙고는 개인의 동적 과정을 구성한다. 따라서 개인의 미래 행동을 예측할 때, 우리는 단지 그의 현재 성격과 성향에 관한 우리의 의견을 표현할 뿐이다.

우리는 우리 자신과 어떤 사람의 과거를 포함해서 그와 완전히 동일시할 수만 있다면, 다른 사람의 행위를 실제로 예측할 수 있을 것이다. 그러나 그런 '예측'은 바로 '예측된' 행위의 실행일 뿐이다. 반면에 외부로부터 가정된 예측은 실재 지속을 근본적으로 존재하지 않는 지속, 즉 측정가능한 힘의 집합으로 환원시키려는 시도에 있다. 물리학의 영역으로부터 취해진 바로 이런 예측과 인과율의 개념이 의식에 적용될 때 쓸모없게 된다.

심리학적 결정론의 근본적인 불가능성은 심리학적 삶의 연속성에 근거한다. 결정주의자는 동일한 조건에서 동일한 현상이 일어난다고 주장한다. 그러나 정의상 동일한 조건들은 결코 자아의 삶에서 획득될 수 없다. 왜냐하면 인위적으로 고립된 삶의 지속에서 각 순간들은 매순간마다 다른 과거를 포함하기 때문이다. 보편적이고 추상적인 등식과는 대조적으로, 동일한 상황은 결코 기억에 부여된 것에서 두 번 일어나진 않는다. 따라서 실재 시간은 절대로 환원될 수 없으며, 동일한 원인이나 동일한 결과는 경험에서 영원히 다시 나타날 수 없다.

자유에 대한 베르그송의 이론은 다음과 같이 재진술될 수 있다. 만일 신체적·정신적 사건들이 근본적으로 동일한 성질을 갖는다면, 그리고 원인과 결과에 관한 범주들이 동일한 의미로 그것에 적용될 수 있다는 암시적이거나 혹은 명확한 가정에서 자유와 필연성의 의문을 조사한다면, 결정론의 일반적인 이론은 확실히 증명될 수도 없고 반박될 수도 없다. 결정론자는 아마 어떤 사건이나 행위의 자유로운 측면들이 우리의 지식에서 너무 많은 결함을 차지한다고 주장할 수 있다. 이런 가설은 비록 증명될 수는 없지만, 과학적 탐구의 본질적인 안내 규칙으로 간주될 수 있다. 필연성에 의해 지배되는 세계 내에서 인과적 공허에 따르는 신비한 영역을 조사하는 반결정론자들은 분명 희망 없는 입장에 있다. 왜냐하면 반결정론자들은 면밀히 조사된 모든 사건들 즉 물질의 영역이든 의식의 영역이든지 간에 서로 동질의 시간적 환경에서 계승되고, 인과관계는 양쪽 영역에서 동일한 의미를 갖는다는 믿음을 결정론자들과 공유하고 있기 때문이다.

자유에 관한 의문은 우리가 실재 시간의 계승이 정신에서만 발생하고 물질에서는 투사(投射)된다고 깨닫는 순간 변하게 된다. 실재 시간은 의식이 있는 삶에는 완벽한 연속성이 있고, 우리의 자아는 모든 순간에 존재한다. 말하자면, 우리의 자아는 과거를 흡수해서 미래를 창조하면서 태어난다. 따라서 그것은 의심하지 않는 역사를 갖고, 기억 안에 저장된 자신의 역사를 갖는다. 그러나 자아는 동일한 상태를 다시 통과할 수는 없다. 왜냐하면 그러한 기적은 시간의 반전과 다를 바 없기 때문이다.

자유를 빽빽이 들어찬 수많은 사물들의 한 통로로 정의하는 것은 처음부터 자유를 부정하는 것이다. 우리는 의식함으로써, 시간을 생산함으로써, 그리고 과거와 대립된 현재가 아닌 동시성이 나타나는 물리적 인과율을 벗어나지 않음으로써 자유롭다. '의식에서 우리는 서로 구별되지 않으면서 서로 계승되는 여러 상태를 발견하게 된다. 하지만 계승되지 않는 공간에서는 서로 구별되는 여러 동시성을 발견할 수 있다(E 171).'

이것은 우리 삶이 매순간마다 똑같이 자유롭다고 암시하는 것은 아니다. 단지 의식의 표층이 사물과 우리의 신체적 공존에 집중되기 때문에 자유가 어느 정도 허용된다는 사실을 이해할 수 있을 뿐이다. 베르그송에 의하면, 우리는 원할 때마다 언제나 자유롭다고는 하지만, 단지 드물게 자유로울 뿐이다. '우리의 행위는 우리의 전인격에서 나오며, 우리의 행위가 그것을 표현할 때, 그리고 때때로 예술가와 그의 작품 사이에서 찾게 되는 정의하기 어려운 유사함을 그들의 행위와 전인격이 동시에 가지고 있을 때 우리는 자유로운 것이다 (E 129).'

'자유의 문제'에 대하여 말하는 것은 부적절하다. 왜냐하면 자유의 완전한 강도를 나타내는 사건에서조차 자유의 문제는 '외부에서 발생한' 사실로 관찰되거나 확립될 수 없기 때문이다. 다른 개인이 의식적인 삶을 살아가는 어떤 수단도 갖지 못하기 때문에, 나는 그의 자유를 경험적 사실로서 이해할 수 없다. 그런 까닭에 다른 인격성을 조사할 때 나는 자연스럽게 그 인격성을 나처럼 작은 사물로 변화시키며, 내가 대상들 즉 동종의 시간, 분리할 수 있는 사건들, 인과관계들을 다룰 때 사용하는 개념적 방식을 그 인격성에 부여한다.

따라서 베르그송의 분석에서 자유는 '증명하는 것'이라는 단어가 과학적 탐구에서 획득된다는 의미에서 의심할 바 없이 확실하고 전혀 증명할 수 없다고 말하는 것은 정당하다.

이것은 시간이 '나의' 의식의 지속 내에서 구속받는다는 것을 암시하며, 도대체 인간 공동체를 위한 공통된 시간은 어떻게 가능한가? 라는 의문을 자연스럽게 떠올리게 한다. 우리는 이런 의문을 나중에 다루게 될 것이다.

베르그송 철학의 기초가 되는 학설들은 그의 첫번째 저작에 있다. 즉 실재 시간과 추상적 시간 사이의 구분은 인간적인 것과 물리적인 것, 의식과 불활성물질 사이의 대립과 동일하다. 그것은 지성의 실제적인 본질을 드러낸다. 그 구분은

2. 시간과 부동성 47

단순한 경험의 일이다. 그것은 우리에게 시간의 흐름이 의식에 있어 가장 우수한 삶의 형식이기 때문이다. 또한 과거, 현재, 미래의 구조가 시간의 배타적인 특징임을 깨닫는다면 우리는 즉시 의식적인 사건들이 절대로 물리적 사건들로 환원될 수 없으며, 어떤 물리적 사건들에 의한 의식적 사건들의 기술도 불가능하고 불합리하다는 것을 발견하게 된다.

그럼에도 불구하고 우리가 그런 기술을 시도하는 것과 철학이 그런 시도로 가득차 있는 것은 우리의 지성이 본질적으로 실제적인 조작에 의해 세계를 생각한다는 사실과, 내가 나 이외의 다른 의식에 접근하지 않는다는 사실로 설명되어질 수 있다. 언어가 공간적 관계들을 모델로 삼았기 때문에, 언어의 한계에도 불구하고 우리는 철학과 일상적 사고의 본질적 오류를 폭로할 수 있다. 그리고 운동을 일련의 무한한 부동적 상태로 환원시키며 자아의 행위를 물리적 사건들로 환원시키는 대신, 운동성과 의식 경험을 최초의 자료로 이해할 수 있고, 그 밖의 모든 것을 그것들에 대한 관계에서 기술할 수 있다.

베르그송에 의해 시작된 인간적인 것 또는 시간에 제한을 받는 것과 기계적인 것 사이의 날카로운 이분법은 자아가 물질 영역에 참여하는 측면을 갖는 것으로 드러날 때보다 나은 분석의 과정으로 완화된다. 우리는 나중에 이분법이 다른 방향에서도 경감된다는 것을 살펴보게 될 것이다. 즉 물질에서도 우리는 정신에서와 같은 일종의 참여를 인식한다. 따라서 베르그송의 모든 다른 구분들도 동일한 운명에 처하게 된다. 처음에는 그 구분들이 분명하고 모든 중간 영역을 허용하지 않을 것 같지만, 최종 분석에서는 각각의 영역이 그 구분 내에서 다른 영역의 그림자를 함유한다는 사실을 발견한다. 다른 사람들 사이에서는 이것이 바로 직관과 분석이라는 이분법의 경우이다.

3. 직관과 지성

세계를 인식하는 두 가지 방식

베르그송(Henri Bergson)은 전형적인 '반이성주의자'라고 불려졌으며, 이 비난에 가장 자주 인용된 증거는 그의 《형이상학 입문(Introduction to Metaphysics)》에 나타나 있다. 이것은 외관상으로는 다른 저자들과 일관되며 여러 부분에서 동일한 학설을 되풀이하고 있다. 그러나 《형이상학 입문》이 이성주의자들에게 비판의 대상이 되곤 하는 것은 어떤 강력한 정식, 특히 '직관'이 그 정식에서 대표적인 슬로건으로 사용되었기 때문이다.

베르그송에 의하면 우리는 사물의 주위를 돌거나 그 사물

안으로 들어감으로써 사물을 인식하게 된다. 만일 첫번째 인식에서처럼 우리의 인식이 외부세계에 머문다면, 그 결과는 우리의 관점에 의존하여 기호로 표현된다. 반면에 두번째 인식에서는 사물과의 일치 속에서 그것의 삶을 따른다. 첫번째 접근―분석―을 통해서 나는 대상의 유일성을 표현하는 것은 고사하고 이해할 수도 없다. 왜냐하면 나는 대상의 유일성을 이미 알고 있던 용어로만 분석하기 때문이다. 그래서 나는 실재 그 자체를 다루진 않으며, 단지 그것의 반복되는 측면만을 주목하며, 그러한 측면의 각각은 나의 지각의 관점에서만 관계한다. 따라서 두번째 접근만이 내가 나의 입장에 의존하지 않는다는 의미에서 절대적인 실재에 접근할 수 있다. 이러한 접근―직관―은 '공감이며, 그것으로 인해 우리는 유일하기 때문에 직관에서 표현할 수 없는 것과 일치하는 대상의 내부로 우리 자신을 옮긴다. 다른 한편 분석은 대상을 알려진 요소들로 바꾸고, 다른 대상들과 공통점을 갖는 요소로 환원시키는 작용(P 181)'이다. 우리가 손을 움직일 때 우리는 우리의 실행을 하나의 단순한 행위로서 '내부로부터' 지각한다. 반면 '외부로부터' 그것의 묘사는 필연적으로 불완전하게 된다.

내가 직관에 의해 확실하게 파악할 수 있는 실재는 나 자신뿐이다. 나는 나 자신의 시간과 일치하며, 나의 의식상태는 유일하다는 것을 깨닫는다. 왜냐하면 나의 의식상태는 정의(定義)에 의해 지속적으로 성장하는 과거를 흡수하기 때문이다. 실제로 우리는 지속(durée)의 나눠진 부분들이 과거로 들어간 후에만 구별할 수 있다. 따라서 의식은 연속적인 두 순간을 동일시할 수 없다. 왜냐하면 그것의 계속성은 기억 안에 있으며, 베르그송이 말한 것처럼 '의식은 기억을 의미(P 183)'하기 때문이다.

분석은 본질적으로 선택이다. 우리의 정신은 실제로 중요한 사물에만 집중하고 다른 것들은 버린다. 하지만 대상과 그것의 속성들 사이에는 구별이 없다. 분석적 접근은 우리의 생존 조건이다. 만일 메커니즘(Mechanism)을 우리의 임의대로 다루지 못한다면 우리는 살아갈 수 없을 것이다. 그러므로 메커니즘이 우리의 삶과 실제로 관계가 있는 분류체계에 따라 사물들을 여러 측면으로 분할한다. 그런 분할작용의 원리는 우리의 개념적 도구주의 속에 깊이 내재되어 있다. 즉, 추상개념의 가치는 그것들이 세계를 인간의 필요와 관련된 요소들로 분해한다는 사실로부터 추론된다. 인식적인 용어에서 그것들은 우리에게 몸체 대신 그림자를 제공하며, 심지어는 우리의 평범한 감각-지각조차도 선택적이게 한다. '선택적'이란 분해하는 것을 의미한다. 반복할 수 없는 것, 유일한 것, 따라서 실재적인 것은 분석과 기호적 표현의 범위를 벗어나 있다. 직관은 지성이 할 수 없는 것을 한다. 즉 그것은 실용주의자들의 생각과는 달리 우리를 세계로 인도한다.

과학은 분석정신의 자연적인 산물이며, 그것의 모든 한계를 경험한다. 과학은 시작부터 교묘한 조작으로 설계된다. 즉 과학의 목적은 사물들의 공통적인 것과 사건들을 예측하고 바라는 대로 우리가 만들고 그것들에게 영향을 주고자 하는 우리의 욕망을 포함해 법칙 속에서 부동화될 수 있는 것을 분리시키는 것이다. 경험적이거나 사변적인 심리학은 이런 측면에서 과학의 다른 분과들과 다를 것이 없다. 심리학의 목적은 유일하고 분할할 수 없는 전인격을 개념적 단위로 분해하는 것이다. 따라서 심리학은 개념적 단위를 인위적으로 만들어진 분석의 도구로 보기보다는 오히려 인간의 실재적 부분인 것처럼 취급한다. 그러나 가장 무의미하고 하찮은 의식의 행위도 인격의 표현이다. 결과적으로 그것은 과거와 현재를 모두 포함하는 이런 관계에 대해 언급함으로써만 이해될 수 있기 때문이다.

경험주의자들과 이성주의자들은 동일한 실수를 범하게 된다. 즉 그들은 이런 상징적인 구성들을 의식의 실재 부분으로 인식하고, 그것들을 이용하여 의식의 실재 부분을 재구성하려고 노력했다. 그럼으로써 그들은 인간 존재의 '구체적인 통일'을 상실하게 되었다. '자기(self)' 또는 '자아(ego)'는 단지 진정한 개인의 지속과는 거의 관계가 없는 편리한 단어일 뿐이다. 이같은 착각은 우리의 과학적 노력에 늘 붙어다닌다. 즉 우리는 이성주의자의 태도에서 운동을 일련의 움직일 수 없는 상태로 환원시키려고 시도하거나(경험론자들이 그랬던 것처럼) 또는 성격의 부재, 즉 공허한 언어의 단위 혹은 실체가 없는 형태로 자아를 정의하려고 시도한다. '그러나 참된 경험론이 목표하는 것은 원형 자체에 가능한 가까이 다가가 그것의 생명에 더 깊이 파고 들어가려 하고, 일종의 "정신적인 청진(spiritual auscultation)"을 통해 그 영혼의 고동소리를 들으려 한다. 이런 참된 경험론이 바로 참된 형이상학이다(P 196).' 새로운 대상을 다룰 때, 이러한 경험론은 새로운 노력을 기울여 모든 것을 새롭게 시작해야 한다. 왜냐하면 그것은 기존의 일반적인 개념으로는 작용할 수 없기 때문이다.

우리는 실용주의자들의 견해로 인해 베르그송 철학을 이해하는 데 제한받는다. 따라서 우리에게 적절한 지식보다는 실재에 대해 실용적 견해를 제공하는 분석적 정신이 오히려 분명하고 엄밀하지만 직관은 애매모호하다고 가정해서는 안된다. 이런 평가는 분석적 편견에 대한 앞의 승인을 포괄하는 것이다. 만일 우리의 정신이 믿는 부동성이 논리적으로나 경험적으로 운동에 선행한다는 것을 믿지 않는다면, 우리는 운동이 부동성보다 이해하기 훨씬 어렵고 애매하다고 주장할 수 없다. 공정한 관찰자의 입장에서 우리가 정신의 일상적인 습관을 비린다면, 우리는 운동과 시간이 우리가 직접적으로 다루는 실재임을 쉽게 알 수 있다.

나 이외의 다른 자아 — 지속 — 가 있다는 주장을 논리적으로 강요하는 것은 아무것도 없다. 그러나 우리는 경험을 통해 우리 자신보다 낮거나 높은 수준의 자아들이 많다는 것을 안다. 시간에 대한 나의 경험은 자기 억제적이지 않으며,

직관은 흔들릴 수 없는 확실성 속에서 다른 존재에 영향을 미친다. 우리는 우리 자신을 초월할 수 있으며, 시간을 양방향으로 연장시킬 수 있다. 즉 아래로 향하는 것은 순수동질성 또는 순수반복성으로 물질을 향해 다가가며, 위로 향하는 것은 살아 있는 영원성에 점점 더 가깝게 다가가는 것이다. 이런 양극단 사이에 있는 직관의 운동이 곧 형이상학이다.

반이성주의자

어떤 의미에서 베르그송 이론은 '반이성주의'라고 불려질 만하다. 만일 그 이름이 적절하다면 어떤 의미에서 그것은 비난받는가?

때때로 '반이성주의'란 말은 다음과 같은 주장에 적용된다. 세계와 그 속에서 인간의 위치에 관한 가장 생생한 의문은 해결될 수 없으며, 어떤 통일된 질서도 우주에서는 발견될 수 없다. 또한 극단적인 견해에서 보면 우리의 이성은 추측할 수 없는 신비에 의해 지속적으로 공격받고 있으며, 일치라는 의미에서 진리는 단지 갈망하는 환영일 뿐이다. 이런 의미에서 반이성주의란 명칭은 베르그송 사상에 분명히 적합하지 않다. 오히려 베르그송의 주요 목적은 직관적 공감을 통해서 '절대적' 실재가 실제적 고려 또는 지성의 어떤 선천적 형식에 의하여 순수해진 그것의 본래적인 순수성 속에서 우리에게 나타날 수 있음을 보여주는 것이다.

하지만 베르그송에 반대한 사람들의 주요 의도는 다음과 같이 말할 수 있을 것이다. 반이성주의자는 내용이 전달될 수 없는 직접적 인식의 특수한 형식들이 있으며, 그 형식은 우리가 언어로 표현할 수 있고 과학과 일상생활에서 정상적인 의사소통을 위해 사용할 수 있는 형식들보다 우수하다고 주장한다. 따라서 신비론자들이 신과의 직접적인 공유를 통해 얻은 것이라고 주장하는 지식이 그 전형적인 예이다.

비록 베르그송이 그의 마지막 저작에서 신비적 경험에 대해 논의했고 그것을 사실(신비론자들 스스로가 신비적 경험을 기술하고 해석했다는 의미에서)이라고 믿었다 하더라도, 그는 이런 종류의 경험을 겪었다고 결코 가장하지 않았고 신비적 경험이 보편적으로 접근하기 쉬운 것이라고 암시하지도 않았다. 그가 분석적 사고와 대비시켰던 직관적 통찰은 신비주의적 결합에서는 드물고 특별한 예들인 다양한 현상을 받아들이는 것 같다.

직관은 감각적으로 주어지는 것이 아니라 실재와 직접적으로 접촉한다고 가정되는데, 여기에서 '직접적'이란 말은 추상적 개념을 제거한다는 것을 의미한다. 실재적인 것은 항상 유일하다. 베르그송은 유명론자의 전통을 따른다. 추상은 실재와 아무런 동등성을 갖지 않는다. 왜냐하면 추상은 실제적인 목적을 위해 어떤 성질을 분리시키며, 대상을 그 분류 속에서 집단화하기 때문이다. 또한 추상은 인식적인 도구도 아니며 실재의 참된 지식을 이끄는 어떤 길도 열지 못하기 때문이다. 우리의 언어가 추상적 기호의 집합이라는 가정하에서 '정신적 청진'은 실제로 표현불가능한 것으로 나타난다.

바로 이런 점에서 베르그송은 불일치에 대한 비난을 면하기 어려웠을 것이다. 즉 베르그송은 한편으론 그가 자랑하는 통찰이 기호 없이 실행되며, 우리가 기호로부터 얻은 인식적 획득이 무엇이든 간에 기호적 표현으로 인해 불가피하게 왜곡된다고 주장하였다. 바꿔 말해서 직관은 의사소통할 수 없는 것이다. 다른 한편으로는 직관을 '방법'이라 부르며, 그것에 의해 직관이 공통 선(善)이 된다고 암시하였다. 게다가 그는 그것을 '형이상학적'이라 부르며, 의사소통할 수 없는 형이상학이 어떻게 인식될 수 있는가를 말하기란 어렵다고 하였다. 베르그송이 《물질과 기억(Matter and Memory)》에서의 신경생리학적 자료 혹은 《창조적 진화(Creative Evolution)》에서의 생물학적 발견을 연구할 때, 그는 자신의 철학적 해석을 기존의 다른 해석들과 대조하고 있다. 그러나 그는 그의 개인적 경험을 세밀한 조사의 경험들이라고 꾸며 발표하지는 않는다. 옳든 그르든 간에 그의 논증은 정상적이고 논리적인 구조 내에 남아 있다.

이성주의자들에게 있어 '표현할 수 없는 지식'은 하나의 오류이며, 그 단어 자체만으로도 자기 모순적이다. 왜냐하면 '지식'은 정확하게 구성된 문장에서 발화될 수 있는 것을 적절히 언급하기 때문이다. 그러나 그들은 '지식'이 정의상 명제적이라는 가정하에서 이성주의는 동어반복적이기 때문에 참이며, 부정적으로 정의된 '반이성주의'가 왜 필연적으로 경멸받아야 하는지는 명백히 하지 않고 있다. 인식적 가치가 경험적이고 수학적인 근대과학의 암호에 대한 정확한 적용으로부터만 추출된다고 암시하는 정의는 그 스스로 정당화를 요구한다. 물론 베르그송은 이런 제한적인 규칙을 알고 있다. 하지만 그는 우리가 실재에 접근하는 행위가 있음에도 불구하고 과학이 정당화된 절차를 따르지 않는 행위들이 있다고 지적하면서 제한적인 규칙들의 근거에 도전했다.

그렇다면 왜 우리는 그 행위들을 인식적으로 선험적인 공허라고 선언해야 하는가? 그 유일한 이유는 그 행위들이 과학이 발전시키려 했던 목적에 적합하지 않았다는 것이다. 다시 말해 그것들은 물질 이상으로 인간의 능력을 증가시키려는 인류의 노력에 사용될 수 없다는 것이다. 이러한 사실로부터 그것들이 지식을 증가시키지 못한다고 단정하는 것은 우리가 쉽게 버릴 수 있는 독단적인 '지식'의 정의를 전제한다.

그렇게 이해된 '반이성주의'는 인간 정신에 관한 해로운 결과 때문에 종종 공격받아 왔다. 반이성주의는 과학과 논리적인 엄격성을 경멸하도록 우리를 가르쳐 왔으며, 그것은 충분한 증거도 없이 강력히 주장되어 왔다. 또 반이성주의는 우리에게 지적인 훈련을 제거하도록 허락하는 대신 검증불가능한 직관은 정의상 전혀 오류가 없으며 논증의 문제일 수 없다고 한다.

만약 '반이성주의'가 이런 류의 권고라 한다면, 반이성주의는 실로 논쟁하기 쉬울 것이다. 그러나 이것은 베르그송에 반대해서는 이루어질 수 없는 일이다. 그는 우리가 준신화적(準神話的)인 숙고에 의해 과학적인 탐구를 대신하며, 추론과 경험 대신 대상의 본질을 직관함으로써 수학 또는 물리학에서 문제를 풀 수 있다고 주장하지 않는다. 그는 과학을 향해 겸손과 존경을 보였다. 더욱이 그는 그것이 해석된 방식 뒤에 숨어 있는 형이상학적 가정으로부터 과학적인 탐구를 분리하려고 노력했다. 그리고 베르그송은 그 자체로 타당한 전통적인 형이상학적 물음들이 분석적인 근거가 결여된 도구로는 풀 수 없다고 주장했다.

지성이란 무엇인가? 그것은 인간의 사유방식으로 꿀벌에게 본능이 주어진 것처럼 우리에게 주어지며 우리의 행위를 인도한다. 자연은 물질을 이용해서 지배하도록 우리에게 계획되어 있기 때문에 지성은 오직 공간에서만 전개되며, 비유기적인 세계 안에서만 자신을 느낀다. 지성은 처음부터 제작을 향해 그 자신을 인도하며, 기계학적 기술을 예상했던 행위에서, 그리고 과학을 표방하는 언어에서 자기 모습을 드러낸다. 왜냐하면 나머지 최초의 정신성은 신념과 전통이다. 정확하든 모호하든 간에 지성은 정신이 물질에 쏟는 관심이다. 그러면 정신이 자기 자신을 향해 돌아섰을 때, 어떻게 정신이 아직도

지성일 수 있단 말인가? (P 84~5)

그러므로 직관이란

정신의 대상인 물질에 집중된 것을 부가해서 정신이 자기 자신을 향해 쏟는 관심이다. 이런 부가적인 관심은 방법적으로 경작되고 발전될 수 있다. 따라서 정신과학인 참된 형이상학이 전개될 것이다. 왜냐하면 정신과학은 우리가 이미 알고 있던 물질의 특성을 부정하는 대신 긍정적인 태도에서 정신을 정의할 것이기 때문이다. 우리가 정신을 그런 식으로 이해하고 정신에 대한 지식을 직관에 맡긴다고 해서, 순수지성의 산물인 형이상학이 시간을 제거하고, 정신을 부정하거나 또는 부정에 의해 그것을 정의한다는 우리의 주장이 지성으로부터 무언가를 제거하는 것은 아니다. 우리는 지성을 축소시키지 않는다. 즉 지성이 지금까지 차지해온 영역에서 추방하지 않기 때문이다. 그러나 지성과 더불어 우리는 다른 방식으로 지식을 획득할 수 있는 기능을 발견한다. 그래서 우리는 한편으론 순수지성으로부터 생겨난 과학과 기계학적 기술(技術)을, 다른 한편에서는 직관에 호소하는 형이상학을 갖는다. 이 양극단 사이에는 도덕적·사회적 그리고 심지어는 유기적 생명에 대한 과학이 후자는 보다 지성적으로, 전자는 보다 직관적으로 위치하게 된다(P 85~6).

베르그송은 직관적 접근이 그것의 효능에 의해서가 아니라 대상을 직접적으로 이해한다는 점에서 분석적 접근과 다를 뿐만 아니라 그보다 '뛰어나다'고 믿었다. 그의 철학적 모호성은 직관이 어디까지 확장될 수 있는가를 분명하게 다루지 않은 다소 부주의한 일반적 기술(記述)로부터 비롯된다. 시간에 관한 내성적(內省的)인 경험과는 달리 베르그송은 극히 적은 예로 미적 지각 또는 예술적 창조성을 언급하며, 양자 모두 직관의 작용을 포함한다(직관이란 단어에 그는 만족한 것이 아니라 보다 나은 표현이 결여되었음을 인정한다).

예를 들어 만약 독자가 소설 속에 묘사된 등장인물의 성격과 동일화해서 그 인물을 내부로부터 지각할 수 있다면, 그의 모든 행위와 말들은 기술에 '첨가'되는 대신 자연스럽게 '내적' 이해를 따를 것이다. 시인은 자신의 직관적 지각을 독자들에게 불러일으킬 무언가를 표현하기 위해 언어의 정상적인 기능을 거스르는 방식을 사용한다. 직관적 지각은 적절히 의사소통할 수 있는 것은 아니다. 하지만 위대한 예술가의 노력은 분석적 기술이 할 수 있는 것보다 직관의 표현에 더 가깝게 접근할 수 있다.

직관과 분석이라는 이분법은 베르그송의 대립에 관한 다른 개념들처럼 그의 일반적 정의를 통해 나타날 때보다는 덜 날카롭다. 직관은 정신의 생명과 그것의 산물을 다루는 방식이다. 그러나 때때로 우리는 운동, 삶의 현상, 그리고 어느 정도 유일한 어떤 것을 이해하기 위해서는 직관이 필요하다고 말한다. 그러한 직관은 일종의 대상과의 준동일화(準同一化)이다. 그러나 분명히 나는 내 자신을 날으는 돌과 동일시할 수 없으며, 곤충학자는 창조의 본질을 이해하기 위해 모기가 될 수 없다. 만일 그가 이런 변신을 이룰 수 있다면, 그는 즉시 곤충학자이기를 포기할 것이다.

조금 덜 황당한 예를 살펴보자. 내가 사과를 화학적인 분석을 통해서는 결코 얻을 수 없는 일종의 지식 — 맛 — 을 사과를 먹어보고서야 얻는다는 것은 참이다. 하지만 이것은 분석적 지식을 경험적 지식으로 대체할 수 있으며, 경험적 지식이 다소 우월하다는 것을 의미하진 않는다. 여기서는 단순히 대상에 대한 다른 종류의 지식에서 결과하는 다른 행위를 갖는다. 베르그송의 입장은 분명하게 표현할 수 없는 것을 말하려고 하는 어떤 철학자의 입장만큼이나 난처하다. 성 어거스틴(St. Augstine)은 《기독교의 가르침에 대하여(De doctrina Christiana)》에서 '신이란 형언할 수 없는 존재이다'라는 말과 관련된 모순을 지적했다. 따라서 이런 문장을 언급함으로써 우리는 신에 관하여 무언가를 말한다. 결국 신은 형언할 수 없는 존재가 아님을 암시한다. 이것은 우리가 언어의 다양한 능력 사이에 있는 유사한 구분으로 제거해야 할 자기 언급의 역설이다.

그러나 모든 철학자들이 이러한 해결에 쉽게 만족하는 것은 아니다. 즉 어떤 철학자들은 신이란 말할 수 없는 동시에 말해야만 하는 어떤 존재이며, 어떤 논리적 장치로도 이런 긴장을 해소하지 못할 것이다. 그리고 그들은 어떤 지성적인 불안의 결과는 우리의 사고로부터 제거될 수 없다고 믿을 것이다. 이러한 긴장은 우리의 우연적인 논리적 어리석음으로부터 발생하는 것이 아니라, 절대적 존재에 접근하려는 노력으로서 언어가 갖는 본질적인 한계에서 발생한다.

쿠사의 니콜라우스(Nicholas)는 아마도 유한적 정신이 무한성의 영역에서 모험을 하면 희생된다는 다루기 어렵고 피할 수 없는 덫을 해결하려고 가장 큰 노력을 기울였던 사람일 것이다. 그리고 비록 베르그송의 직관이 반드시 신의 존재 — 적어도 피상적이지 않은 — 를 파악하려고 시도하지 않았다 하더라도, 그 난점은 동일한 종류이다. '구체적'이란 형용사는 추상적이며, '전달할 수 없는'이란 형용사는 전달할 수 있는 이고, '유일한'이란 형용사는 일반적이다. 그리고 '직관'이라는 단어가 나타내는 것은 그 자체로 직관의 행위가 아니다. 우리는 언어가 본래 다루려고 계획하지 않았던 어떤 것을 다른 무언가에 전달하려 할 때 일어나는 언어의 장애를 제거할 수 없다. 그럼에도 불구하고 우리는 비록 정지상태에 있을지라도, 보편적인 인간 재능의 한 부분인 직관의 능력을 다른 삶에게 일깨우기 위해 언어를 사용해서 다양한 암시, 은유, 혹은 미학적으로 강력한 이미지를 산출할 수 있다.

해설

베르그송이 말한 직관은 그의 우주론과 생명이론에서 보다 잘 이해될 수 있다. 실제로 그는 《창조적 진화》가 출판되기 전에 그 주제에 대해 말했던 것이 이러한 문맥에서 벗어난다는 점에서 그의 사상은 오해의 소지가 있다. 《창조적 진화》에서의 직관은 우주적인 '생의 약동(élan vital)' 또는 '생명의 비약(life drive)'이다. 그것은 우주를 관통하고 진화과정을 인도한다.

정신의 최고 형식을 만들기 위해 자연은 이용할 수 있는 물질, 즉 불활성물질을 사용해야 했다. 그리고 생존과 진화를 위해 살아 있는 생명체들은 적대적인 환경에 적응된 정신적 장치를 가져야 했다. 따라서 자연의 주된 노력은 인류에게 효과적으로 물질에 대처해서 그것을 지배할 수 있게 한 모든 능력에 최고의 완벽성을 보증하는 것이다. 즉 언어, 과학, 기술적 숙련, 분석적 이성은 물질이 부과하는 요구에 따라 만들어지는 구성요소이며 산물이다. 그리고 직관이 거의 희생되었다는 것은—완전히 희생되었다는 것은 아니지만—바로 이러한 요구에 기인한다.

그러나 직관의 생명을 유지하는 것은 인류에게 있어 최고로 중요한 것이다. 역사를 통해서 볼 때, 직관은 인간에게 가장 화려한 성취를 이루게 하였다. 그리고 직관을 사용함에 있어 우리는 전혀 우리의 과학적 노력을 대체하려고 애쓰지는 않는다. 직관은 궁극적으로 신 그 자체인 신적 존재의 영원한 창조적 원천을 가진 생의 약동과 교류하는 방식 중의 하나이다. 우리가 진화에서 신적 충동을 판별할 수 있는 것은 직관에 의해서이며, 우리가 우주의 생명에서 직관의 기능을 알 수 있는 것은 바로 이러한 이해를 통해서이다. 베르그송은 바로 여기에 순환논증이 있다고 인정하지만 그것은 피할 수 없는 논증이다. 즉 우리의 인식력을 우주의 생명 속에서 통찰을 얻는 데 사용한다. 그리고 이러한 통찰에서만 인식력의 기능과 지성적 타당성에 대한 그들의 주장이 이루어진다. 따라서 우리는 — 비록 베르그송이 많은 단어로 그렇게 말하지는 않았다 하더라도 — 논점 선취의 오류(petitio principii) 또는 데카르트주의자들의 순환이 어떤 인식론에 관련된다고 진술할 수 있다. 지식의 가치는 그것의 기원과 기능을 조사하지 않고서 정당화될 수는 없다. 그리고 그러한 조사는 우리 임의대로 사용할 수 있는 인식적 도구가 타당하다는 것을 우선 인정하지 않고서는 이루어질 수 없다.

베르그송은 직관의 참된 행위가 순환을 극복한다고 믿는 것 같다. 왜냐하면 그 행위들이 일어났을 때 그것들을 더 이상 정당화할 필요가 없으며, 어떤 의심의 여지도 남아 있지 않기 때문이다. 그 행위에서 우리는 사물들을 '내부로부터' 인식하고, 그것의 시간과 일치하고 그럼으로써 신적인 힘에 의해 인식되고 추진되는 생명의 위대한 창조적 흐름 속으로 들어가게 된다. 내가 살아 있는지 죽어 있는지를 의심하는 것처럼 직관적 통찰의 확실성을 조금은 의심할 수 있다. 그리고 이러한 행위를 다른 사람들에게 전달하는 것은 어렵지만, 그들이 과학주의의 독단적인 제한을 제외한다면 인식적 가치를 거부할 어떠한 이유도 없다.

베르그송의 직관은 데카르트주의자가 쓰는 직관의 개념과는 분명히 다르다. 데카르트(René Descartes)에 있어서 직관은 우리가 대상 자체에서 발산되고 있는 자명성을 파악하는 하나의 행위이다. 예컨대 이런 종류의 통찰은 수학적 지식을 통해 얻을 수 있다. 베르그송에 있어 직관은 '대상'이 몰입되는 시간과 동일한 행위였다. 따라서 시간은 심리학적이며, 시간의 관점에서 보게 되는 모든 것은 마음 혹은 정신이다. 자기 검열의 경우와는 달리, 그런 동일화는 도대체 실행가능한 것인가? 신과의 신비적 결합이 있을 수 있다고 가정한다면, 그것은 경험하지 못한 사람들 사이에서 논의될 문제일 수 없다.

우리의 정신이 탄환 또는 회전목마의 운동과 일치할지도 모른다는 것은 믿을 만하지 못하다. 그러나 우리가 다른 사람들의 정신 또는 예술작품에 대해 다양한 형식의 감정이입을 경험하고 그것을 언어의 형태로 전달하려는 시도는 어색하고 부적절하다고 부정할 이유가 없다. 즉, 이성론자와 행동론자들의 독단적 견해와는 달리 다른 사람들과의 비언어적인 의사소통이 있으며, 그것은 서로간의 이해의 감정에서 결과하며, 이런 종류와의 만남에서 이전에 알지 못했던 지식을 획득한다는 사실을 우리에게 부인하도록 강요할 필요가 없다. 직접적이든 또는 간접적이든 인간관계의 영역에서 분석적 노력으로 환원될 수 없고 분석적 노력에 의해 대체될 수 없는 이런 감정이입의 행위는 문화 안에서 우리의 개인생활과 공동생활의 핵심을 발생시킬 뿐만 아니라 구성하기로 한다. 그러나 '동일화' 또는 '일치'와 같은 단어는 분명히 너무 강하다. 인식행위는 인지자와 대상간의 구별을 내포한다. 즉 어떤 집합점은 단지 부분적일 수 있다. 신학자들에 따르면 오직 신만이 '내부로부터' 모든 것을 알 수 있으며 알고 있다. 그리고 만일 생명의 보편적 흐름과의 동일화가 가능하다면, 그것은 — 베르그송의 가정처럼 — 신비적 결합과 거의 다르지 않을 것이다.

감정이입적 통찰은 분석적 통찰보다 더 좋은가? 그것은 쓸데없는 질문이다. 우리는 먼저 무엇이 더 좋은가? 라고 물어야 한다.

4. 정신과 육체

두 종류의 기억

베르그송(Henri Bergson)은 그의 지적 여행의 출발에서 전통적인 종교에 관해 어떠한 관심도 나타내지 않았다. 그러나 얼마 후 그는 전통적인 종교적 의문들이 철학적 반성의 유일한 존재이유(raison d'être)라고 인정하게 되었다. 베르그송은 그의 논문 〈영혼과 육체(Soul and Body)〉에서 다음과 같이 말하고 있다.

우리는 어디에서 왔는가? 여기서 무엇을 하고 있는가? 그리고 어디로 가고 있는가? 만약 철학이 생생한 관심에 대한 이런 의문에 아무것도 답하지 못한다면, 만약 철학이 생물학 또는 역사적 문제들을 명백히 한 것처럼 그런 의문들을 분명히 하지 못한다면, 만약 철학이 계속 축척된 경험으로부터 혜택 받을 수 없다면, 만약 철학이 영혼과 육체의 가설적인 본질로 부터 추론된 이성의 불멸성을 긍정하는 사람들과 부정하는 사람들 사이에서 생겨나는 대립 자체를 제한한다면, 모든 철학은 일순간의 논쟁의 여지도 없다고 말하는 것이 거의 적절할 것이다(S 58).

분명하지는 않지만 베르그송은 《물질과 기억(Matter and Memory)》에서 그런 질문을 하지 않았다. 왜냐하면 단지 그는 신경물리학자들이 축적한 자료들만을 모으려 했기 때문이다. 그러나 베르그송은 잇달아 발표된 그의 논문에서 사후 영혼의 생존에 대한 의문을 직접적으로 제시하는 대담한 시도를 하였다.

베르그송의 저작 중 가장 학문적이면서도 가장 난해한 《물질과 기억》에서, 정신 — 여기서는 기억을 의미한다 — 은 결코 뇌의 산물로 간주될 수 없음을 보여주려고 했다. 즉 뇌는 선택기관이지 주관적·정신적 행위를 만드는 기관이 아니라는 것이다. 또한 그는 습관의 획득으로 구성된 뇌의 기억과 신경조직에 의해 존립되거나 창조되지 않는 순수회상을 구별하려고 하였다.

베르그송은 정신과 물질와 실재를 주장한다. 그러나 그것들을 구분하는 그의 방식은 기존의 철학적 이론인 관념론, 실재론, 심신평행론을 제거하려는 데 그 목적이 있다. 의식상태가 뇌의 기능이라고 믿거나, 혹은 정신과 물질의 사건들이 똑같은 원형에서 두 개의 다른 언어로 변형된 것이라고 믿거나 간에 우리는 사람들이 뇌를 조사함으로써 의식적인 삶의 세부적인 것을 알 수 있다고 가정하고 있다. 그러나 베르그송은 다음과 같이 말한다.

의식의 상태와 두뇌 사이에 연관성이 있다는 사실은 의심의 여지가 없다. 마찬가지로 옷과 그것이 걸려 있는 못 사이에도 연관성이 있다. 왜냐하면 우리가 못을 빼면 옷이 떨어지기 때문이다. 그렇다고 못의 형태를 통해 옷의 형태를 그리거나 예측할 수 있다고 말할 수 있는가? 따라서 우리는 심리적 현상이 두뇌의 상태와 결부된다는 사실로부터 두 현상 — 심리적·물리적 현상 — 의 '병행론'을 추론할 수는 없다(M 4~5).

베르그송이 관심을 갖는 주요 대상은 특히 뇌손상으로 인한 질병과 기억의 파괴이다. 그렇게 놀랍지는 않지만 이런 상관성에 대한 연구는 정신에 관한 유물론자의 해석을 옹호하는 사람들에게 주요 논증을 제공한다. 즉 그들은 정신의 기능 특히 기억이 뇌의 장애에 의해 파괴되거나 왜곡된다면, 기억은 단지 뇌의 생산물이거나 요소라는 것이다. 하지만 베르그송에 따르면 이것은 실험적인 증명에 의해 지지받지 못할 뿐 아니라 모순된 철학적 편견이다.

그는 지각의 문제에서 출발한다. 보편자를 구성하는 이미지는 특수한 성분인 나의 육체를 포함한다. 나의 뇌는 물질계의 일부이다. 그러므로 관념론자들처럼 뇌가 모든 이미지를 산출하거나 다른 모든 것의 조건이라고 가정하는 것은 어리석다. 관념론자들의 입장에 따르면, 만일 우리가 세계를 없앤다면 우리는 세계와 함께 뇌를 없애야 한다. 나의 육체는 행위의 중심이지 정신적 표현을 산출할 수 없다. 반면에 다른 육체들은 그것들에 대해 나의 가능한 행위를 반영한다. 나의 지각은 그것들이 나의 가능한 행위와 관련되는 한 '외적'인 이미지들이다.

그러나 어떤 이미지는 바로 두 체계의 일부이며, 이들 각각의 체계는 자기 충족적이고 상호독립적이다. 한 체계는 과학이며 이 체계에서 이미지는 절대적 가치를 갖는다(추측컨대 이미지는 그 스스로 존립한다). 반면 두번째 체계에서의 이미지는 중심 이미지, 즉 나의 육체와 관계된다. 관념론자들은 후자로부터 전자를 이끌어내지만 유물론자들은 그 반대이다. 이들은 모두 지각하는 것이 곧 앎을 얻는 것이라고 믿는다.

하지만 베르그송은 바로 이런 점에서 그들이 잘못되었음을 지적한다. 우리가 두드러진 뇌의 실제적인 기능에 주목한다는 것은 신경조직의 진보적인 특수화와 중추신경계의 점진적인 출현을 따르는 진화의 단계에 이를 때 더욱 명확히 알게 된다는 것이다. 즉 신경조직은 주변의 검출장치가 메시지를 받아들여서 원동기계에 그 메시지를 선택하여 급송하는 전화교환과 같은 것이다. 따라서 신경조직은 육체의 기관으로 외적자극과 그것에 대한 반응을 대등하게 한다. 지각은 스스로 인식행위를 구성하지는 못하지만 행위지향적이다. 순수지각은 순수히 '외적인' 것이다. 따라서 순수지각은 ('존재하는 것'과 '지각하는 것' 사이에는 단지 정도의 차이만 있을 뿐이지 종류의 차이가 있는 것은 아니다) 개별의식의 사실적 부분이 아닌 관념적 실체 — 순수한 현재인 것 — 이다.

사실상 각각의 지각행위는 기억의 여러 층을 내포하여 그것의 '주관적 측면'을 구성해서 그것을 의식하는 기억이다. 물질에 대한 우리의 실제적인 표현은 육체의 요구에 따라 뇌가 수행한 하나의 선택행위이다. 따라서 실제로 흥미없는 것은 기억과 표상의 재료에서 제거된다. 지각행위에서 의식의 역할은 '기억의 연속적인 끈에 의해 우리 자신의 일부라기보다는 오히려 사물의 일부를 일련의 순간적인 관점으로 묶는 것이다(M 67).' 말하자면 기억으로부터 나타나는 지각의 그런 측면은 물질이 제공하는 것에 부가되며, 기억은 물질로부터 일종의 독립된 능력임을 암시한다.

그렇다면 기억의 저장이 왜 뇌에서 변화하는 것처럼 보이는가? 또 뇌의 손상으로 인해 왜 기억은 파괴되고 약화되는가?

바로 이런 점에서 우리는 두 기억간의 차이를 좀더 조심스럽게 구별해야만 한다. 내가 진정 시(詩)를 배우고자 하는 목적으로, 어떤 시를 암송할 수 있을 때까지 여러 번 반복해서 읽는다고 가정하자. 이런 경우 나의 독서행위는 단일한 행위이며, 나의 순수기억은 그것의 세부항목들을 저장하는 반복할 수 없는 행위이다. 반면에 시를 암송하는 나의 능력은 단순히 하나의 습관에 지나지 않는다. 이 두 기억은 서로 완전히 다르다. 순수회상은 내 의식의 측면이고, 뇌의 기억은 육체의 행위지향적 변형 즉 반복하는 능력이다. 보다 뛰어난 기억인 순수회상은 과거의 경험을 세부적으로 기억하고 있다. 그러나 그것들을 어느 순간이나 쉽게 이용할 수 있는 것은 아니다. 따라서 뇌는 검열장치로 육체의 실질적인 요구에 따라 과거의 기억을 교묘히 조작하여 현재의 상황을 설명하는 데 유용하게 사용하며, 그리고 우리가 그 회상에 반응하도록 도와주는 곳이다.

뇌의 기억과 정신적 기억간의 구분은 감각지각을 뇌의 기억으로, 그리고 지적 인식을 정신의 기억으로 생각했던 데카르트(René Descartes)에 의해서 설정되었다. 그런 까닭에 우리는 이전의 감각을 기억하지 않는 순수개념의 세계 속에서 데카르트의 이분법을 기대했다. 그러나 베르그송은 이 구분을 다르게 이끌어낸다. 즉 그는 지각된 모든 것은 보존된다는 것이다.

뇌의 손상과 다른 조직의 원인은 운동기억의 저장소를 직접적으로 손상시키고 기억을 선택하는 조절장치를 무너뜨린다. 그러나 순수기억을 제외한 기억에 대한 다양한 왜곡은 계속 성장하고 있는 회상이 파괴되지 않은 결과라고 할 수 있다. 기억장치는 피질의 손상에 영향을 받지만 과거경험의 저장소는 그렇지 않다. 실재 기억에서는 아무것도 상실되지 않는다. 베르그송은 여러 심리학자들의 견해와는 달리 회상이 물리적으로 뇌에 기록되며, 축음기 레코드에 담긴 소리처럼 그곳에 보존되며, 그리고 뇌조직과 관련된 부분이 파괴될 때 사라진다고 생각하는 것은 전혀 신뢰할 수 없다고 주장한다.

 기억의 점차적인 소멸은 말에 관한 기억상실의 형식 중 의미론의 순서에 따른다. 즉 기억의 소멸은 고유명사, 보통명사, 동사 순으로 이루어진다. 그렇다면 우리는 뇌에 기억된 단어가 문법유형에 따라 배열되어 있다고 상상할 수 있는가? 다른 형태의 기억상실에서는 알파벳 문자의 일부가 잊혀지고 다른 일부의 문자들은 잊혀지지 않는다. 그렇다면 뇌가 각각의 알파벳 문자들을 보존하기 위해 분열된 세포를 갖는다고 생각할 수 있는가? 그리고 기억상실에 의해 손상된 영역들이 갑자기 기억되는 것은 어떻게 일어날 수 있는가? 회상들이 물리적으로 뇌에 기록된다고 가정한다면, 우리가 알고 있는 사람의 통일된 이미지를 어떻게 정신에 보유할 수 있는지를 설명할 수 없다. 즉 사람이 기억하고 있는 각각의 행위는 정의상 유일하고 반복할 수 없는 것이며, 우리의 기억은 무한히 많은 단일한 행위들을 저장하는 것이지 하나의 통일된 상을 저장하는 것은 아니다.

이 논증은 의식이 육체를 넘어선다는 결론을 지지한다. 실제로 의식상태가 단지 신경조직에서 생겨난 복제일 뿐이라면 그것의 기원은 자연의 진화에 의해 이해될 수 없을 것이다. 유기체는 모든 장치를 마음대로 사용해서 환경의 자극과 생존투쟁에 반응한다. 그것은 이런 행위들이 '정신적 사건'의 형태로 의식되고 복제되어야 할 이유가 없기 때문이다. 신경물리학적 탐구와 내적 자아에 대한 우리의 경험은 모두 물질과 정신이 신경체계에서 만난다는 가정하에서만 이해될 수 있다. 신경물리학적 탐구는 결코 내적 자아에 대한 우리의 경험을 생산하거나 저장하지 않으며, 단지 그 경험을 생물학적 방어기제와 조화시켜 제한한다. 그리고 내적 자아에 대한 우리의 경험은 신경물리학적 탐구를 무한히 초월한다.

의식이 육체의 활동에 근거한다는 것은 의심의 여지가 없다. 즉 의식은 물리적 사건에 대한 쓸모없는 정신의 복제를 단순히 생산하지 않는다. 그리고 스피노자(Baruch Spinoza)의 생각처럼 정신은 육체의 수동적인 관찰자가 아니다. 정신의 특별한 활동은 그것의 시간 구조와 자유에 의해서 이해될 수 있다. '정신은 물질로부터 그곳에서 영양분을 섭취하는 지각을 빌려오고 자유를 각인시키는 운동의 형태로 지각들을 물질에게 되돌려준다(M 280).'

이것은 바꿔 말해서 '시간이 실재한다는 것은 기억을 통해서이다'라는 진술을 필요로 한다. 물질에 기록된 과거의 흔적은 단지 의식이 변화를 감지하기 위해 그곳에 있다는 이유 때문에 '흔적'으로 생각된다. 그것은 본질적으로 물질이 과거나 미래를 가질 수 없기 때문이다. 추상적으로 꾸며진 것에 제한된 가설적인 순수지각은 물질세계의 한 측면이다. 실재에는 시점, 분리할 수 있는 사건, 그리고 의식적 삶에서의 원자같은 어떠한 구성요소도 없다. 의식은 이질적이고 반복할 수 없는 성질의 분할불가능한 연속이다. 지각을 포함해서 기억된 이미지와 예상된 행위는 모두 의식행위의 요소이다. 감각은 공간적인 특성을 가지면서 육체에 머문다. 그것은 감각이 뇌의 중개에 의해 운동을 불러일으키기 때문이다. 따라서 순수회상은 육체의 일부가 아니다. 그러나 그것은 뇌에 의해 작용된 선택의 결과, 이미지의 형식으로 육체의 행위에 포함된다. 따라서 과거가 순수회상이 아닐지라도 현재와 조화된다.

베르그송에 따르면, 이러한 구분은 우리가 알고 있는 심리학적 삶과 완벽하게 조화되어 있다. 만약 아이들이 사물을 기억하는 데 놀라운 능력을 갖고 있다면, 이것은 그들의 기억이 아직까지 신체기능과 엄격히 대등하지 않고 활동적인 많은 잉여 저장물을 흡수하고 유지할 수 있기 때문이다. 그러므로 회상과 운동이 대등하게 증가시키는 것은 분명 기억의 약화와 연관된다. 우리가 잠들었을 때 뇌에 의한 기억의 통제는 느슨해지며, 많은 과거 이미지들이 유기체의 압력에 의해 억제되지 않는 정신의 표면으로 떠오른다. 동일한 개념 구조 내에서 베르그송은 텔레파시, 살아 있는 사람의 유령 또는 환영, 그리고 기시체험(déjàvu : 심리학 용어로서 이제까지 체험하지 않은 새로운 상황을 만났을 때, 이전에 본 일이 있는 듯이 느껴지는 것-역주)에 대한 느낌과 같은 초심리학적 현상을 설명했다.

이것은 우리의 지각에서 세계방식에 책임을 지는 뇌, 또 우리가 줄곧 추상적인 분류 속에서 정리하여 분리한 대상들을 나누는 뇌의 필연적인 실제적 지향이다. 실제로 물질은 개별적인 형태를 잘 갖춘 사물들의 집합이 아니다. 물질의 모든 구성요소들의 보편적인 상호의존은 세계를 하나의 단일한 사물로 만든다. 그럼에도 불구하고 우리는 물질과의 상호작용에서 그들 상호간의 영향에 대한 이런 무한한 구조를 명백하게 설명할 수 없기 때문에 세계를 각각 분리된 요소로 떼어버려야 한다. 우리에게 분리된 대상처럼 보이는 것은 자연의 작업이라기보다는 오히려 자연을 향하는 실제적인 관심의 결과이다. 따라서 우리 정신의 본질적인 플라톤적 경향에 관해 다시 주목해야 한다. 즉 우리는 예견된 운동들에 따라 세계를 구분하고, 개념에 대한 질서로 이런 자연스러운 삶의 작업을 반영한다. 그러나 우리는 이런 질서의 기원을 잊는 경향이 있으며, 이런 경향을 세계의 탓으로 돌린다.

정신의 실체성

베르그송은 의식이 하나의 사물이거나 실체가 아닌 시간

4. 정신과 육체 77

기억의 운동 그 자체라고 거듭 강조했다. 그는 데카르트와 라이프니츠(Gottfried Leibniz)의 주장에 대한 반동으로 이끌어냈던 이러한 구분에 중요성을 두는 것 같다. 하지만 이 구분은 단지 기억과 의식의 동일성에 관한 재진술에 지나지 않는다. 만약 우리가 아리스토텔레스(Aristoteles)의 전통을 고수해서 속성에 대립된 것으로서의 실체를 '독립' 또는 그 밖의 어떤 것의 속성을 나타내는 무능으로 정의한다면(하나의 속성은 어떤 것의 성질이지만 실체는 그렇지 않다), 베르그송의 의미에 있어서 의식이 왜 실체가 아니어야 하는지의 이유는 없다. 즉 의식은 어떤 대상에도 기생하지 않으며, 의식의 지속은 다른 지속에 의존하지 않는다.

　이러한 혼동의 근원을 간파하기란 어렵지 않다. 실체의 개념은 본래 조밀하고 상대적으로 안정된 물리적 대상의 상식적 표현을 모델로 삼는다. 운동의 관념이 바로 움직이는 사물을 의미한다는 것은 똑같은 상식적 개념(베르그송에 따르면 이런 상식적 개념은 그 자체가 육체의 요구와 조화되도록 설계되어 있어 세계를 반드시 왜곡시킨다)이다. 그러므로 '사물'은 논리적으로나 경험적으로 어떤 행위보다 선행한다. 즉 정지된 사물은 생각할 수 있으나 움직이는 육체 없이는 운동을 생각할 수 없다. 베르그송은 외견상 이런 자명한 이치에 도전했다. 공평하고 명상적인 관점으로부터 — 정상적인 실용적 접근과는 대립된 것으로서 — 운동은 최초의 실재이며, '사물'은 우리 정신이 세계에서 반복되고, 우리의 개념체계에 포함되는 것을 허용하는 특별한 종류의 산물이다. 인식할 수 있는 성질에서 상대적인 안정성의 정도를 구별하는 것은 사물 또는 실체를 생산하는 더 높은 등급의 안정성을 가진 그것들에게 우리의 관심을 집중시킴으로써 극히 실제적인 중요성을 갖는다.

지금까지 베르그송은 마하(Ernst Mach, 그러나 베르그송은 그에 대해 언급하지 않았다)와 일치했다. 실제로 사물은 특별한 종류의 사건이며 이미지의 일시적인 결정체이다. 따라서 베르그송이 말하는 운동은 실제로 세계가 만들어지는 최초의 재료이지만, 별개의 물질적 대상을 구성하는 우주의 상은 지성의 작품이라고 하는 것이 적절하다. 이런 관념 — 대상들과 관련된 사건들의 논리적·형이상학적 우위성 — 은 계속해서 화이트헤드(A. N. Whitehead : 1861~1947)에 의해 상세히 연구·발전되었다. 아마 베르그송으로부터의 영감이 없었더라면 그렇게 발전되지 않았을 것이다.

실체성에 대한 의문은 우리가 그것을 정신생활에 적용할 때 훨씬 더 애매하게 된다. 여기서 '실체'와 '운동' 간의 구분은 어느 것이 먼저 고려되든 상식적인 고려로부터 훨씬 더 멀리 떨어져 있으며, 우리는 데카르트의 《성찰(*Meditations*)》에 나타난 전체적인 논쟁(예를 들어, 가상디Gassendi는 '나는 생각한다'로부터 '나는 생각하는 존재이다'를 추론한 데카르트를 '나는 춤을 춘다. 그러므로 나는 춤이다'라고 말하는 것처럼 어리석다고 주장한다)을 통해서 그 혼동을 알 수 있다.

그리고 아무리 정신적인 실체의 개념과 그것에 대한 비판이 오랜 세월 계속되어 왔다 하더라도, 실체와 운동 의식간의 차이를 어떻게 기술했는지 전혀 알 수 없다.

엄격히 말해서 그 차이는 정신적 삶이 단지 단일한 인상과 관념의 집합일 뿐이며, 정신 또는 실체에 관한 개념적인 정형화는 말의 허구라는 흄(David Hume)의 가정에서 이해될 수 있다. 즉 그 개념의 기원은 인상의 유사성에 의해 설명될 수 있지만 그것 또한 하나의 허구이다. 존속하고 있는 어떤 자아도 경험에 의해 주어지거나 정당화되지 않는다. 바꿔 말해서 사물로서 인식되는 정신과 일련의 사건들로 환원되는 정신간의 대조는 아무런 '기층'도 남기지 않은 채, 사물로 인식되는 정신이 쓸모없는 환상으로 소멸될 때에만 이해된다. 물론 이것은 베르그송의 입장과는 정반대이다.

지속적인 자아를 생성하는 시간은 실재이며, 그것은 실제로 우리가 확신할 수 있는 최초의 실재이다. 그러면 왜 실재를 '사물들' 사이에서 설명하는 것이 잘못된 것인가? 그 이유는 다음과 같다. 자아는 성장의 연속적 과정에서만 있는 것이 아니다. 말하자면 자아는 매순간마다 현재에서 자신의 과거를 재흡수하고 재진술해서 새로운 '전체'시간을 생산하고 반복한다. 그것의 주요 특징은 자아의 지속성 내지 지속적인 동일성이 단지 기억이거나 기억 못지않다는 것이다. 바꿔 말해서 기억이 없는 정신은 인식할 수 없으며 용어상 모순이다. 이런 의미에서 자아는 실체가 아니다.

기억은 나의 지속적인 자아를 나르는 일종의 정신적 공간이 아니다. 시간은 우연한 사건들로 가득찬 텅빈 뉴턴적 흐름이 아니라 자기-의존적 존재를 가지며, 비록 어떤 사건도 발생하지 않았더라도 거기에 있는 것이다. 기억의 형식과 그것의 실제 내용 사이, 자아와 자아 '속에' 놓여지거나 자아 '위에' 포개진 지각 또는 회상 사이에는 어떤 구별도 있을 수 없다.

나는 의식 또는 그 외의 방식으로 기억하는 존재이다. 그런 까닭에 변화의 가운데에서 그 자신을 보존하는 불변의 핵심이라는 의미에서 지속적인 동일성을 말하는 것은 어떤 의미도 없는 것처럼 보인다. 즉 그런 은유들은 공간적 상상력에서 빌린 것처럼 보인다. 나는 매순간마다 새롭지만 현재에서 나의 모든 과거를 포함하기 때문에 나는 동일한 인간으로 남는다. 그리고 만약 우리가 공간과 관련된 우리의 정신적 습관으로부터 우리 자신을 해방시키려고 한다면, 우리는 시간에서 어떤 두 점, 또는 부분들(시간에서 점을 말하는 것은 이미 기하학의 언어를 차용한 것이다. 왜냐하면 시간에는 점 또는 부분이 실재하지 않기 때문이다)이 결코 동일하지 않은 것과 연속적인 인격적 존재 사이에 어떠한 모순도 없다는 것을 알게 된다.

자기 동일성의 문제는 보다 어려우며 신이 언급될 경우 무서운 결과를 갖게 된다. 우리는 나중에 그것을 다루게 될 것이다.

불멸성

　베르그송의 시각에서 볼 때, 인격적인 연속은 정의할 수 있는 어떤 한계나 끝이 없다. 순수회상의 저장소와 뇌의 기억, 즉 획득된 습관들 또는 육체의 성향 사이의 만족한 구분을 확립했을 때, 베르그송은 후자로부터 전자의 독립과 유기체의 죽음을 살려내는 순수회상의 능력을 주장하는 타당한 근거가 있다고 믿었다. 결과적으로 무한한 지속은 경험적인 사실로부터 추론될 수 없으므로 경험은 영혼의 불멸성을 증명할 수 없다. 또한 베르그송은 이성적으로 구성된 영혼의 본질로부터 플라톤적, 데카르트적, 또는 토마스적인 태도로 연역하는 것을 거부했다. 영혼의 끝없는 삶은 단지 종교적 계시의 문제일 뿐이라고 할 수 있다.
　더욱이 그는 존재하는 경험으로 미루어 볼 때 생존은 가능할 뿐만 아니라 매우 그럴 듯하다는 것을 확신하게 되었다. 그가 보기에 우리가 인격적인 존재의 한계를 믿는 유일한 이유는 육체의 붕괴 때문이다. 순수기억이 뇌조직에 속하지 않으면서도 뇌조직에 의해 생산되거나 보존된다고 가정하면, 유기체의 분해를 초월한 그것의 계속성은 매우 그럴 듯한 가설이다. 베르그송은 이런 믿음을 후기 저작에서는 표현하지 않았지만, 《물질과 기억》에 이어지는 그의 몇몇 저작에서는 유사한 용어로 표현했다.

여기에는 활동하고 있는 뇌가 있으며, 느끼고, 사고하고, 의지하는 의식이 있다. 만약 뇌의 작용이 의식 전체와 일치하고 뇌와 정신이 동등하다면, 의식은 아마 뇌의 운명을 따를 것이고 죽음은 모든 것의 끝일 것이다. 적어도 경험은 이것에 반대되는 어떤 것도 말하지 못할 것이며, 생존을 주장했던 철학자는 일반적으로 깨지기 쉬운 어떤 형이상학적 구성에 대한 그의 이론을 유지해야 할 것이다. 그러나 만약 우리가 보여주려고 노력했던 정신적 삶이 뇌를 초월한다면, 그리고 만약 뇌가 의식에서 진행되는 어떤 작은 부분을 운동으로 변형시키는 것이 제한당한다면, 생존을 증명해야 하는 부담은 그것을 단언한 사람들보다 그것을 부정한 사람의 몫이 될 것이다. 우리의 육체가 해체되는 것을 아는 것은 단지 사후 의식의 사멸을 믿고 있다는 근거이다. 그러나 거의 모든 의식이 육체와 독립된다는 사실로써 성립된다면 이런 근거는 쓸모없게 된다(S 59).

베르그송은 그의 마지막 저작에서 정신의 생존을 주장하는 형이상학적이며 경험에 기초한 근거와 불멸성의 다양한 신화학적 신념들 사이의 차이를 구분했다. 또한 그는 자연 그 자체는 우리로 하여금 물질에서 어떤 절대적 확신을 얻지 못하게 한다는 사실을 설명했다. 사후 정신의 생존에 관한 그의 믿음은 어떤 의심에 의해 서로 동요되지 않았다. 기억의 독립에서 사후의 관념으로 이행의 단순성을 고려할 때, 비록 그가 어떤 이유에서 사후 정신의 생존을 진술하는 데 분명 실패했을지라도, 그가 《물질과 기억》을 쓰고 있을 당시는 이러한 믿음을 갖고 있었다고 확신할 수 있다. 1904년에 베르그송은 이미 고인이 된 사랑했던 사람의 불멸성과 그 사람과의 미래의 상봉에 대한 자신의 확고한 믿음을 표현했던 라베송(Ravaisson)의 저작 《철학적 유언(Philosopical Last Will)》을 인용하면서 그는 이것에 대해 확실한 공감을 표시했다.

그는 육체를 떠난 정신이 어떻게 세계를 지각하는지, 그리고 어떤 종류의 지각이 그것을 가능하게 하는지에 대해 깊이 생각하기를 원하지 않았다. 우리는 그가 가설적인 순수지각을 의식의 일부라기보다는 이미지의 일부로 보았으며, 실재적 지각에서 기억이 활동하고, 뇌는 물질과 정신의 회합장소라고 한 것을 기억해야 할 것이다. 아마도 꿈의 지각은 뇌의 통제로부터 벗어난 지각과 가장 유사할 것이다. 그가 비록 더 나은 과정을 통해 생존의 문제를 연구할 수 있다고 생각했더라도, 그는 경험이 그런 문제들에 관한 충분한 지식을 제공한다고는 믿지 않았다. 의사심리학적(parapsychological) 현상에 관한 그의 적극적인 관심은 어느 정도 이런 기대에 의해 확실히 동기지워졌다.

해설

베르그송이 뇌로부터 기억의 독립에 관한 이론에 대해 결정적인 논증을 제공했다는 점은 보이지 않는다. 신경물리학과 기억에 대한 연구가 베르그송 이래 엄청난 진보를 이루었다는 사실을 필자가 지금 언급하는 것은 적절치 않다. 그러나 당시 심리학자들에 의해 표현된 오류들에 관해 베르그송의 분석이 정당하다고 한다면 그런 논증을 할 자격은 없다. 하지만 베르그송의 분석이 그가 기대했던 만큼의 결과를 낳지 못했다는 것을 논증하는 것은 가능하다.

오늘날에는 어느 누구도 뇌조직이 축음기처럼 무한히 분리된 회상들로 각인되었다고 믿지 않는다. 따라서 어떤 신경물리학자도 신경조직이 과거경험들을 보존한다는 방식에 많은 의혹이 있다는 점을 부인하지 않을 것이다. 물론 우리는 고대 몇몇 목적론자들처럼 무지에서 비롯된 논증은 하지 말아야 한다. 신경을 가진 실체에 있어서 의식의 상태와 생화학적 과정 사이의 '등가성'이 얼마나 상세하게 성립될 수 있는가는 누구도 확신을 갖고 말할 수 없다. 그러나 과학자들은 이런 탐구에는 어떤 절대적 한계도 없다는 가정하에서 작업해야 한다. 비록 그런 연구의 기술을 상상할 수 없을지라도, 우리는 신경물리학적·생화학적 조사에 근거해서 꿈의 내용을 묘사하고 재구성할 수 있다는 생각과 물리적 이유들로 그러한 기술이 결코 가능할 수 없을 것이라는 생각 속에는 선천적으로 불가능한 것이란 아무것도 없다. 바꿔 말해서 완벽한 등가의 이론이 비록 증명될 수 없을지라도, 그것은 과학자들에게 하나의 지배적인 관념이 되는 동시에 그들의 연구를 유도하는 목표가 되기도 한다.

더욱이 이런 종류의 탐구가 아무리 빨리 진행될 수 있다 하더라도 '등가성'이 '동일성'을 의미하지 않고, 우리가 경험한 것이 육체로 환원된다고 인정하기를 항상 거부할 수 있다는 베르그송의 주장은 아마 정당할 것이다. 즉 아무리 상세할지라도 '나는 마음 속으로 고통을 느낀다'는 진술이 내 마음의 결점과 그러한 결점의 신호들을 뇌로 전달하게 하는 기계주의에 관한 묘사와 결코 동일한 의미일 수는 없다. 물론 이것은 수세기 동안 철학자들에 의해서 열렬히 논의되어온 문제이다. 그리고 여기서 유물론자들과 그들의 반대자들이 저마다 동일성 이론의 찬·반에 대해 상당히 진척시켰던 논증들을 정당하게 취급할 수는 없다. 그 논쟁은 엄밀한 의미에서 철학적이다. 다시 말해 그것은 신경생리학적 또는 다른 실험적인 탐구에 의해 결코 해결될 수 있는 것이 아니라고만 말해두자. 그 논쟁은 결코 보편적인 동의로 끝날 수 없다. 그 논쟁은 세상 끝까지, 그리고 그것을 넘어서까지 계속될 것 같다.

베르그송은 육체로부터 정신의 독립을 옹호함에 있어 논리적으로 독립된 두 문제를 혼동하는 실수를 범했던 것으로 보인다. 첫번째는 의식이 신경조직의 상태를 훨씬 더 초월한다는 점, 즉 가장 사소한 정신적 사건들이라도 정신과 육체 사이에는 어떤 '평행론'도 결코 발견될 수 없다는 의미에서 의식이 그에 상응하는 생리학적 과정보다 무한히 소중하다고 주장하는 것이다. 그러나 베르그송은 이것을 증명하는데 실패했다.

　두번째는 의식경험에서 나는 '내 육체의 상태를 알고 있다'고 말하는 것이 적절하든 그렇지 않든 간에 이런 자각은 육체의 상태와는 전적으로 다른 성질이며, 육체의 상태로 환원되지 않는 성질임을 논증하는 것이다. 데카르트 학파에서 비롯된 이런 구분은 비록(베르그송이 기꺼이 인정했던 것처럼) 우리가 '객관적인' 기술의 기준에 만족할 수 있는 용어로 그것을 적절히 표현할 수 없을지라도, 그것은 행위론자의 모든 금지에도 불구하고 여전히 주장될 수 있다. 왜냐하면 내가 경험한 내용은 종종 이해할 수 있는 방법으로 전달될 수 있기 때문이며, 반면 나에 의해 경험된 내용의 특성은 다른 사람에게 전달될 수 없기 때문이다. 이러한 구분은 정신적인 진행과 유기적 진행 사이의 등가를 조사할 때 이루어지는 어떤 발달에 의해서도 폐지되지는 않을 것이며, 또한 그런 발달에 의해서도 확립되지 않을 것 같다.

　나는 반박할 수 없는 자명성을 토대로 이런 구분(베르그송과 데카르트주의자들이 그랬던 것처럼)을 시작한다. 그리고 대명사 '나'는 일반적인 보통명사이며 '나'는 나 자신에 대해 다른 사람이 대명사 '그'라고 언급할 때와 동일한 연장을 갖는다는 것에 대해 인정할 수 없다. 만약 그것이 나의 출발점이라면 그것은 반박될 수 없으며, 아무도 그것을 이해할 수 없는 것이라고 자신 있게 말하지 못할 것이다. 우리는 본질상

'대상화'될 수 없는 경험을 갖고 출발하는 것이 불법적이라고 말하는 사람들에 대해서도 반박할 수 없다. 이러한 두 선택은 이해할 수 없고, 서로 배타적이며 다리를 놓을 수 없는 격차로 분열된다. 즉 당신이 그 중 하나를 선택한다면, 당신이 반대자와 공유할 어떠한 논증도 당신은 타인으로 전환시킬 수 없을 것이다.

비록 나의 의식적 경험이 나의 육체의 기술로 환원될 수 없음을, 그리고 우리가 상이한 '본질'에 직면함을 인정한다 하더라도, 베르그송과는 반대로 정신이 육체가 죽은 뒤에도 살아남는다는 것을 따르지는 않을 것이다. 생존은 경험에 의해 배제되지 않으며, 뇌생리학 혹은 진화론에서 취해진 논증은 결코 결정적일 수 없다. 따라서 그것들은, 그것들이 쓰여졌던 것처럼 그 질문에 무관한 것으로 포기할 수 있다. 그러나 뇌에 대한 어떠한 탐구가 생존을 위해 명백한 증거를 포기할 수 있다는 것은 결코 상상하기 어렵다. 베르그송의 경우에서처럼 그것에 찬성하는 견해는 논점을 벗어난 논쟁(ex ignorantia)의 논증으로 빠지기 쉽다.

요약해서 말하면 정신에 대한 베르그송의 기술과 정신의 뇌로부터의 독립은 반박되지 않는다. 즉 그가 말했던 것은 진실이라 상상할 수 있지만, 이 진리가 그의 신념을 정당화시키기 위해 사용했던 경험의 '객관적인' 자료에서 추론될 수 있다는 것은 대부분 의심스럽다.

5. 생명과 물질

목적론과 기계론 : 생의 약동

《창조적 진화(*Creative Evolution*)》는 베르그송(Henri Bergson)의 저작 중 아마 가장 폭넓게 읽혀졌을 것이다. 그것의 철학적인 중요성은 진화론을 우주의 운전에서, 그리고 영혼의 물질적 조건에 대한 인간 영혼의 절대적 환원불가능성에서 위대한 정신을 암시하는 세계관과 동화시키려는 가장 대담한 시도를 하였다는 사실에 있다. 이 점에 있어 비록 베르그송이 그의 전임자의 사상을 알고 있었다는 아무런 증거가 없다 하더라도, 적어도 한 명의 전임자를 갖고 있었다.

다윈(Charles Darwin)의 저작이 출간되기 전, 독일의 신학

자인 프로흐샤머(Jakob Frohschammer)는 인간 정신이 자연의
진화를 통해 무기물로부터 발생했으며, 이 이론은 기독교 교
리와 모순되지 않는다고 주장했다. 1862년에 그는 자신의 진
화론적인 믿음보다는 교회에서 행해진 사유의 절대적 자유에
대한 그의 설교와 그의 이성주의적 선언 때문에 교황 피우스
(Pius) 9세의 서한에서 비난받게 되었다. 그러나 그는 끝까지
독실한 크리스천으로 남았다. 프로흐샤머의 사상이 독일 밖
에서는 거의 영향을 끼치지 못했으나, 다윈주의가 유럽의 지
적 삶에 막 진척되기 시작할 무렵에 다시 그의 사상은 논의
되어졌다. 문학적인 대작들과는 달리 베르그송의 저작은 《종
의 기원(On the Origin of the Species)》이 출판된 후 거의 반세
기만에 나타났으며, 그는 생물학자들과 고생물학자들에 의해
진화론이 지지되던 시기에 이루어졌던 엄청난 양의 연구에
직면해야만 했다.

  다윈주의의 옹호자들과 적대자들은 수십 년 동안 그것이
성서에 있는 창조이야기를 설명하였을 뿐 아니라 유물론자들
이 내세우는 인간과 생명의 개념에 대한 궁극적인 논증이라
고 인식했다. 그러므로 만약 수준 높은 생명형태의 출현이
선택의 자연적인 메커니즘에 의해 설명될 수 있다면, 인간의
뇌와 정신을 포함해서 신의 섭리와 비물질적 영혼에 대한 관
념은 — 그렇게 보여진다면 — 영원히 매장되고 말 것이다. 진
화론에 대한 기독교의 반응은 역사적으로 대략 세 단계가 있
다. 비타협적인 저항의 시기 후, 점점 더 많은 신학자들은 인

류가 창조의 분리된 행위에 의해 만들어진 것처럼 진화론으로부터 배제될 수 있다는 조건으로 기독교의 신앙과 양립할 수 있다고 기꺼이 인정한다. 따라서 결국에는 많은 사람들이 그것을 인정하게 되었다. 즉 그들에 따르면 진화의 결과로 인간이 하등동물의 종(種)으로부터 생겨났다고 인정하더라도 기독교의 믿음과는 모순되지 않는다. 그러므로 신은 자연스럽게 진화된 육체가 그것을 기꺼이 받아들일 때 인간에게 이성적인 영혼을 불어넣는다.

자기 방어는 비록 기독교의 전통에서 변형주의의 논리적 모순을 제거하기에 충분하다 할지라도 다소 인위적이다. 그것은 분명 기독교가 생물학의 진보를 반박할 수 없게끔 계획된 것이었다. 그리고 그것은 놀랍게도 생명과학에 대한 마지못한 인정과 그것의 입증불가능함에 묻혀 있는 독단적 초자연주의를 연계시켰다.

베르그송의 시도는 완전히 다르다. 그는 비록 다윈주의자들의 우연적 변이의 개념과 기계적 선택의 개념이 진화과정의 극히 일부분만 설명할 수 있다고 논증했지만, 변형주의 이론을 주저 없이, 심지어는 열정적으로 지지하였다. 그는 이런 과정이 비록 오류가 있거나 혹은 그것의 모든 세부항목이 미리 계획되어 있다 하더라도, 단지 신적 에너지의 작업으로만 설명될 수 있는 내적 의도성을 명백하게 드러내보임을 보여주려 했다. 그는 신학자들에 만족하지 못했다. 그런 일은 절대로 없겠지만 말이다. 그러나 그의 진화에 관한 개관은

5. 생명과 물질

세계 내 과정(world-in-process)에 관한 상과 기독교의 인간 정신 그리고 창조에 관한 개념을 화해시키는 데 가장 효과적인 방법을 제공했다. 그의 저작은 유럽의 지적 분위기를 변화시켰다. 다시 말해 그것의 영향력은 지대했다.

 그의 이전 저작이 정신과 물질의 이분법에 관해 저술되었던 것처럼, 베르그송은 이번에는 물질과 생명을 구분하는 데 전념하였다. 그는 인간 정신을 생명에너지라는 특유의 관점으로 해석하였다. 여기서 말하는 생명에너지는 보편정신의 산물로 보여진다. 따라서 우리는 생명의 보편적인 구조 속에서 인식행위를 보아야 한다. 그렇다고 그것은 모든 지식들이 실용적 가치만을 지니며 일상적 의미에서의 진리에 관한 물음은 무가치하다는 것을 의미하진 않는다. 그것은 우리가 정신작용의 실용적인 측면을 조사해야 한다는 것을 의미한다.

 우리의 지성은 견고한 육체 사이에 자리잡고 있으며, 그것들을 효과적으로 다루기 위해 고안되어졌다. 그런 까닭에 우리의 지성은 무기물을 연구하는 것과 동일한 방식으로 생명의 현상을 자연스럽게 조사하는 경향이 있다. 생명의 특이성은 지성을 회피힌다. 반면에 본능은 생명 자체를 직접적으로 이해하지만 생명을 찾을 수 없을 뿐더러 그것이 '아는' 것을 표현할 수도 없다. 지성과 본능은 자연이 살아 있는 창조물들로 하여금 그들의 환경에 대처할 수 있도록 만들었던 다른 두 기관이며, 양자 모두 유기적이면서 비유기적이다. 물질은 독립할 수 있는 체계 또는 개체를 만드는 경향이 있다. 즉 비록 그것들의 개별성이 무한한 단계적 변화를 허용하고 가장 고등한 유기체에서조차 완벽함을 이루지 못한다 하더라도, 살아 있는 것에서만 이런 경향이 적절하게 충족된다. 왜냐하면 절대적인 개별성은 유기체의 어떤 부분도 분리된 채로는 살지 못하게 해서 재생산을 불가능하게 하기 때문이다.

우리의 의식과 마찬가지로 생명은 무한히 창조적이며 독창적이고, 끊임없이 새로운 형태들을 생산한다. 즉 생명은 불활성물질의 저항과 싸우고 물질을 생명과는 무관한 목적으로 사용하기 위해 모든 종류의 책략에 의지해야 하는 운동이다. 말하자면 각각의 새로운 종들은 문제에 대한 하나의 해명이다. 몇몇의 해명들이 잘못임이 드러난 후 포기된다는 사실은 놀랄 일이 아니다. 진화의 과정은 죽음의 종말, 실패, 반쯤 무르익은 계획, 그리고 우회로 가득차 있다. 즉 자연은 다소 암중모색으로 진행하며, 올바른 방법을 찾기 전에 여러 방법을 고려한다. 그러나 자연은 고유한 경향에 의해 끊임없이 운전되며, 이 경향을 드러내는 것은 우주의 생명을 이해하는 것이다.

베르그송에 따르면, 진화에 대한 설명이 기계적이거나 최종적일 수 없다고 깨닫는 것은 매우 중요하다. 기계적 견해는 실제적인 목적을 위해 세계로부터 인위적으로 잘라낸 어떤 단편들에게는 적용될 수 있으나 전체로서의 우주나 생명의 현상에는 적용될 수 없다. 그러나 라이프니츠(Gottfried Leibniz)에 따르면 목적론, 즉 완벽한 궁극성에의 신념은 역으로 단순한 기계주의이다. 즉 그것은 만물이 이미 만들어져 있으며, 진화는 미리 계획된 형식들을 구성하고 결과적으로 그것은 아무것도 창조하지 않는다는 것을 의미한다. 따라서 이런 류의 결정론은 새로움을 파괴하고 시간을 소멸시킨다고 가정한다면, 그것은 처음부터 완성되어 있는 예정표를 전개하는 데에만 기여할 것이다. 기계론자나 결정론자 모두에게 있어 실재는 항상 만들어진 어떤 것이다. 따라서 만물은 결코 만들어지고 있는 것에서 주어지진 않는다. 그러나 시간은 실재한다고 되풀이해보자. 베르그송의 기술에서 보면 시간은 개별적 인간 의식의 특성일 뿐만 아니라 생명의 특성으로 드러난다. '생명의 계속성에 관해서 우리의 주의를 집중시키면 시킬수록, 과거가 현재에 압박을 가하여 그 전과는 비교도 할 수 없는 새로운 형식을 낳는 의식의 진화와 유기체의 진화가 어떻게 더 밀접하게 되는가를 알 수 있다(C 27).'

다른 한편, 각각의 고유한 유기체 안에서 일종의 '내재적 궁극성'을 의미하는 생기론은 다음의 두 가지 이유에서 받아들일 수 없다. 하나는 모든 종에서 어떤 조직은 유기체 전체로부터 다양한 독립 범위를 갖기 때문이며, 다른 하나는 생명체의 개체성이 결코 완벽함을 이루지 못하기 때문이다. 의도성은 대체로 생명의 측면이지 단일한 유기체의 측면이 아니다. 따라서 의도성은 선재하는 유형들을 물질화하는 데 있는 것이 아니라, 항상 계속적이지는 않더라도 지시를 따르려고 노력하는 데 있다.

물론 이것은 자연에는 단지 조화만이 있다는 것을 말하진 않는다. 비록 자연이 지시를 내리는 경향에 의해 추진된다 하더라도, 자연은 끊임없는 그들 자신의 생존과 복지만을 생각하는 종들과 개체들을 발생시키면서 지속적인 변형들에 의해 끊임없는 투쟁들을 초래하는 과정을 계승할 뿐이다.

이러한 창조적 경향은 '베르그송주의'의 고정적인 틀로 연상되는 용어인 '생의 약동' 또는 '생의 약진'이다. 생의 약동은 무한한 분기점과 물질의 저항과의 씨름에 의해 본능과 지능의 더 높은 수준의 변화를 낳는 최초의 에너지이다. 이런 최초의 충동의 어떤 것들은 모든 종과 모든 개별 유기체 속에 보존되는데, 그것들 모두는 생의 약동으로 인해 무의식적으로 작용한다. 생의 약동이란 개념은 설명할 가치가 없는 언어의 고안물로서, 우리가 그 개념 없이도 존재했던 정확히 동일한 위치에 우리를 남게 하는, 생명을 이해하는 도구로서 무의미한 '신비한 성질'이라고 거듭 공격받아 왔다.

이에 대해 생의 약동에서 생명의 추진력이 과학적 표준 (베르그송은 비록 그가 과학을 이루는 것에 대한 그 자신의 관념을 갖고 있다 하더라도 생의 약동이 가능하다고 믿었다)에 따르는 경험적 개념으로 재조명될 수 없겠지만, 신비한 성질들이 있다는 의미에서 공허하지 않다고 응답될 것이다. 그것은 비록 모호하게 정의되었지만, 진화의 과정에서 일종의 의도성을 암시한다. 그리고 우리는 전문용어를 사용하지 않고서, 기계적 제거에 의해서만 규제받는 유기체적 과정이 우주가 의도에 의해 운행된다는 견해와 다르지 않다는 것을 이성적으로 논증할 수 없다.

따라서 생명은 최초의 추진력이 그 자신을 성장하고 있는 다양한 형식으로 분리하는 계속적인 과정이지만 근본적인 지시를 내포한다. 베르그송에 따르면 생명은 인간의 행위가 목표를 갖는다는 의미에서 어떠한 목표도 갖지 않는다. 바꾸어 말하면 아무도 생명의 미래 과정을 예상할 수 없으며, 그것은 기계의 작용보다 예술적인 창작에 더 가깝다.

다윈의 돌연변이에 관한 이론은 잘 적응된 돌연변이의 몇몇이 우연히 생존한다 하더라도, 그에 대해 비판가들이 처음부터 지적한 것처럼 여러 가지 이유로 받아들일 수 없다. 그것은 진화의 독립된 과정에 따라 발전된 생명기관들(예를 들어 식물과 동물들) 사이의 유사성을 설명할 수 없다. 즉 우연들의 유사한 결과들이 어떻게 독립적으로 여러 분과의 진화에서 되풀이될 수 있는가? 그것은 척추동물의 눈과 같은 복잡한 기관들을 설명할 수 없다. 그 기관들은 완전히 형성되었을 때에만 기능한다. 따라서 그 요소들의 몇몇에 관한 점차적인 승인은 생존의 기획들을 증가시키지 못할 것이다.

그러나 다윈의 이론에 따르면, 그 눈은 충분히 갖추고 그것의 기능을 추정하기 쉽게 갑자기 나타나진 않았을 것이다. 두 가설 — 순간변이 또는 돌연변이와 포괄적인 변화에 관해서 — 에서 다윈의 이론은 어떤 인정 많은 천재가 외부로부터 진화를 돕고 있다는 가정하에서만 이해할 수 있을 것이다.

라마르크(Jean Lamark : 1714~1829)의 적응설은 그 구조적 유추들을 진화의 상이한 선상에서 설명할지도 모르지만 그것은 획득된 특성들의 엄청난 유전변화를 의미한다. 반면에 그러한 유전은 단지 주변의 현상일 것 같다. 일정한 과정을 따르는 변이들에 관한 아이머(Theodor Eimer : 1843~1898)의 가설은 우리에게 유익하게 쓰여질 것이다.

축적과 자제심을 통해서 보다 복잡한 기계를 조성하는 방식으로 계승하는 일정한 방향의 유전변화는 확실히 어떤 종류의 노력과 관계를 맺어야 한다. 하지만 그 노력은 개체의 노력에 비해 특히 심오하고, 환경에 대해 독립적이며 동일한 종에 속하는 대부분의 표본들에 공통적이고, 그것들이 실체에 포함된다기보다 그것들이 지니고 있는 배(胚)에 포함된다. 따라서 그들의 자손에게 유전될 수 있는 것이다(C 88).

이러한 노력이 다름아닌 생명의 추진력이다.

곤충과 인간

생명에너지는 물질과 생명형식에 의해 만들어진 장애물을 극복해야 한다. 즉 그 결과들은 표현하고자 하는 인간의 노력들에서처럼, 대개 창조원리 그 자체를 거역하기 때문이다.

5. 생명과 물질

그러므로 일단 생명에너지가 산출되면, 각각의 형식은 그것의 동일성을 고수하며 더 나아가 변화에 저항한다. 그러나 최초의 힘은 결코 잠자지 않는다. 일반적으로 진보의 길을 막는 보호막과 외피를 만드는 데 그들의 노력을 기울이는 종들에 비해, 위험을 무릅쓰고 약화된 보호기관을 희생시키고 운동의 적응력을 획득하는 종들이 진화에 있어 승자이다. 다음의 두 계통이 동물의 발달에 있어 가장 성공적인 예이다. 막시류 곤충(개미와 꿀벌과 같은)의 질서 속에서 정점을 이루는 곤충계통과 그 최고의 형태를 인종(人種)에서 이루었던 척추동물계통이 그것이다. 인간과 막시류는 각각 생명의 기본기관인 지능과 본능이 가장 잘 진화된 단계이며, 우리는 이들의 행동을 통해 자연의 의도를 잘 탐구할 수 있다.

본능과 지능은 서로 공통기관의 흔적을 갖고 있으며, 우리는 가장 순수한 형태에서 그것들을 관찰하지 못한다. 본능의 흔적은 지능에서 찾아볼 수 있으며 지능의 흔적은 본능에서 찾아볼 수 있다. 지능의 주요 임무는 무기질로부터 인공적인 도구를 생산하는 것이다. 이에 반해 본능은 조직화된 도구를 사용하는 기능이 있다. 본능은 엄격히 말해 특수적이며 일시적이고, 노력이 필요없고 완벽하다. 지능은 노력과 매개하는 장치들을 요구하지만 그것의 결과는 반드시 불완전하다. 자연은 이 두 기능 중 어느 하나만을 선택해야 한다. 왜냐하면 자연은 동일한 종에서 두 기능을 무한히 강화시킬 수 없기 때문이다.

한 가지 해결만이 가능하다는 가정에 근거한다면 본능은 의식을 필요로 하지 않으며, 지능은 표상과 행위간의 차이를 측정하고 유용한 여러 선택들 사이에서 하나의 선택을 암시한다. 그것들이 보유적인 '지식'을 갖는 한에서 지능은 형식을 알고 본능은 물질을 안다. 다시 말해 지능은 의식 있는 유기체들의 적응성, 즉 그들의 지식을 무한히 확장하는 능력을 보증한다. 그러나 지능은 그러한 능력들을 제한한다. 지능이 분명하게 인식할 수 있는 것은 불연속적이고 부동적인 것뿐이다. 지능이 운동에서 파악할 수 있는 것은 운동성 자체라기보다는 위치이다.

이것은 우리 정신의 자연스런 '기하학적' 태도, 정신의 필수적인 공간적 상상력, 견고한 육체를 조종함에 있어 반복할 수 있고 추상적이고 유용한 것에 대한 정신의 조사, 새로운 것을 이해함에 있어 정신의 어리석음, 그리고 창조성을 인정하기를 거부하는 정신을 설명한다. 자연의 놀라운 발명인 인간의 언어는 지능의 본질을 반영한다. 베르그송의 생각에 의하면 인간의 언어는 그 과정에서 지능의 본질을 왜곡시킴으로써 실재를 우리에게 전달한다고 말할 수 있다. 왜냐하면 그것은 단일성을 소홀히 하며, 운동성을 부동화하고 본래 결합된 것을 인위적으로 분해하는 경향이 있기 때문이다. 반대로 본능은 공감의 운동에서 생명을 직접적으로 파악하는 능력을 포함한다. 인간이란 본능의 인식적인 유사물을 보유한다. 즉 이것은 확실히 공평하고 자의식적으로 되어졌던 직관

또는 본능이다.

생명은 물질을 관통했던 의식이며, 따라서 그것을 변경할 수 없는 선택을 하도록 강요받는다. 그 자신을 '자유롭게' 하기 위하여 생명은 두 계통으로 분리되었고, 그것의 가장 완벽한 표현을 지구상의 모든 생명체의 존재이유라고 불려질 수 있는 인종에서 찾아볼 수 있다.

베르그송 철학은 역사 현상처럼 그 자신의 개념적 구조 내에서 이해되는 것처럼 보인다. 즉 그것은 지능과 자연스러운 우리의 '플라톤적' 경향에 의해 지배되는 세계에서 직관의 재주장이라고 간주된다. 이러한 철학은 직관을 대신한다거나 또는 그것의 임무를 수행한다고 가장하진 않는다. 그러나 베르그송 철학은 우리로 하여금 우리 자신의 시간과 일치할 수 있도록 하며, 그럼으로써 우리 자신에게서 우리가 신적인 의식과 공존하는 생명의 흐름을 접해서 느끼는 것을 이해할 수 있도록 하는 보편적인 인간 능력에 우리의 관심을 집중시키게 도울 수 있다.

신과 무

최초의 생명 충동은 세계 내에서 자유의 영역을 가능한 많이 확장하는 데 목적이 있으며, 이를 위해 물질의 관성 즉 생명이 반대하는 열역학(열역학적 평형을 향한 경향성)의 제

2원리의 결과들과 끊임없이 씨름해야 한다. 창조적 에너지의 중심은 분열과 죽음을 향한 자연적 경향을 몇 번이나 패배시키는 작용을 한다. 이 중심이 바로 신이다. 즉 그것은 사물이 아니라 행위 자체이다. '따라서 끊임없이 생명이며, 행동이며, 자유라고 정의되는 신은 이미 완성된 어떤 것도 갖고 있지 않다. 그리고 창조란 것도 그 어떤 신비가 아니다. 왜냐하면 우리가 자유롭게 행동할 때, 우리 자신 속에서 창조를 체험하기 때문이다(C 249).' 이것은 '신'이란 단어가 《창조적 진화》에 나타나 있는 유일한 문장이다. 그러면서 그것은 약간의 의문을 불러일으킨다.

우리는 신이 사물 또는 실체가 아니라 창조성 그 자체라고 말한다. 창조성 그 자체란 신을 영원한 '사물'의 최초의 실재라기보다는 세계에 관한 우리의 상대적인 관점을 반영하며, 행위는 대상에 앞선다는 베르그송의 신념과 늘 같이 한다. 신적 정신이 비록 독창적이고 독립적이라 하더라도, 그것은 신의 동일성이 기억을 구성하고 신의 작업이 불확실한 예견을 포괄한다는 점에서 우리의 정신과 같다. 신은 초시간적이며 시간 그 자체이다. 그리고 우리의 시간은 시간의 단순한 측면이 아닌, 신의 시간 속으로 들어간다. 우리 역시 자유로우며 창조적이다. 따라서 우리의 창조성은 단순히 신이 자신을 나타내는 하나의 도구일 수 없다. 결과적으로 신은 기독교의 신이 존재한다는 의미에서 절대자일 수 없다. 절대적 신은 무한적이다. 그는 영원히 현존 속에 살고 있으며, 기억과 예견같은 매개장치를 필요로 하진 않는다. 그러므로 이를 부정하는 것은 신의 전체성, 신의 유일성, 신의 완벽한 자기 충족성을 파괴하는 것이다. 베르그송의 신은 기독교 신학자들이 말하는 신보다 우리가 더 잘 이해할 수 있을 것 같다. 왜냐하면 우리는 그를 실재인물로 상상할 수 있으며, 시간 없이는 인격성을 인식할 수 없기 때문이다. 절대적이고 자기 충족의 영원한 존재에 대한 기술은 강렬하게 인간의 특성을 공유할 수 없는 스피노자(Baruch Spinoza)의 신을 암시한다.

이러한 의미에서 기독교 비판가들이 베르그송의 철학에 종종 문제를 제기한 '범신론'이라는 이름은 정당화되지 않는다고 논증될지도 모른다. 이러한 신은 미래의 모든 창조작업을 그의 불변의 본질 속에 영원히 파묻을 수 없다. 즉 신은 세계를 창조함으로써 자신을 창조한다. 말하자면 그는 살아 있는 신이며 성장하고 있는 신이다. 기독교의 신과는 달리 베르그송의 신은 이미 만들어진 정신으로부터 이미 만들어진 원형을 시간에서 전개하는 대신 다양한 선택들에 직면한다. 그는 우리 인간들처럼 살아간다.

다른 한편 베르그송의 신은 확실히 신의 본질이 창조성이라는 이유 때문에 세계와 분리해서는 인식할 수 없으며, 심지어 가장 위대한 추상적 노력에 의해서도 인식할 수 없다. 그것은 어떤 의미로도 신이 '대상화'가 되든 되지 않든 간에 그의 창조 속에 그 자신을 존립시키는 자기 충족적 존재에 대해 어떤 의미로도 말하지 않는다. 그 산출자는 개념적으로 그의 생산물과는 관계없이 홀로된 존재로서 이해될 수 있는 어떠한 방식도 없다.

아퀴나스(Tomas Aquinas : 1125 ? ~1174)의 신 역시 창조를 매개로 우리에게 알려진다. 그러나 아퀴나스의 견해에 따르면, 이것은 우리의 본질적인 한계의 결과이다. 즉 우리의 유한한 지성이 신의 본질을 꿰뚫을 수 없기 때문에 우리가 신에 관해 아는 것은 그의 작업장의 거울을 통해서 상대적으로 안다는 것이다. 그럼에도 불구하고 우리는 신과 세계 사이에는 어떤 존재론적으로 필연적인 연결고리가 없다는 것을 선험적으로 알고 있다. 그러나 베르그송에 있어 이러한 연결고리는 존재론적이지 우리의 인식적 어리석음에 기인하는 연결고리가 아니다. 이러한 의미에서 '범신론'이라는 명칭이 부적절한 것은 아니다.

베르그송의 비판가들 사이에서 많은 논쟁이 되었던 또 다른 의문은 그의 '일원론'에 관해서이다. 신은 전통적 의미에서 전능하지 않으며, 미래에 있을 그의 창조의 결과는 정의상 그에게 알려질 수 없다. 또한 그가 최초의 노력 이후의 필연적인 계승없이 다양한 시도를 한다고 가정한다면, 그는 유일한 창조자이며, 또는 그에 의해 이루어지지 않은 세계에 그는 대처해야만 하는가? '생명의 약동은 절대로 창조할 수 없다'고 베르그송은 말한다. '왜냐하면 생명의 약동은 물질, 즉 자신에 대립된 운동과 우연히 마주치기 때문이다. 그러나 그것은 필연성 그 자체인 물질을 잡아서 가능한 한 많은 불확

5. 생명과 물질 103

정과 자유를 물질 속에 넣으려고 한다(C 252).' 이것은 마니교도들의 창조신과 같은 베르그송의 신이 그의 통제를 벗어난 상황에서 항상 자신을 찾는다는 것을 강하게 암시한다. 즉 그는 싸우기를 강요받아 단지 그곳에 있는 외부의 힘을 무너뜨린다.

다른 한편, 베르그송은 '그것은 의식이며 오히려 생명의 기원인 신과 아마 동일시되는 초의식이다. 그것은 하나의 로켓이며 그 로켓의 꺼진 불빛들은 물질의 형태로 된다(C 261).'고 한다. 이것은 기독교의 관념을 좀더 유지하면서 창조의 과정은 하나의 근원을 갖는다고 암시하는 것 같다. 그러나 신은 모든 것을 어떤 것과 결합할 수 없으며, 창조적 에너지에 대한 최초의 분출은 그 이상의 팽창에 대해 장애물을 세움으로써 시작해야 한다. 즉 그 자신보다는 타인의 자유를 위한 조건들을 조직화하기 위해 신은 물질을 생산해야만 했다. 결과적으로 여기에서 그는 영원한 적을 발견한다. 물질은 생명의 운동조건이며 동시에 극복되기 위한 저항이다. 이 점은 베르그송 철학의 정신과 일치하는 것 같다.

베르그송 역시 '일원론'에 대해 묻는 것은 아마 의미가 없다고 말했을 것이다. 왜냐하면 그러한 물음은 무로부터의 (ex nihilo) 창조가 오직 하나인지 혹은 다수인지를 묻는 것과 결과적으로 같기 때문이다. 무로부터의 창조는 결코 발생하지 않았다. 왜냐하면 무(nihil)란 비개념 즉 공허한 단어에 지나지 않기 때문이다. '무(nothingness)'에 대한 비판은 그의 형이상학에 있어 중요한 요소이다. 그것은 '무'라는 무의미한 관념을 만드는 우리 지성의 실제적 태도이다. 우리가 보려고 기대하고 또는 원하는 것에 대한 부재는 전체적인 부재 즉 무라는 추상적 관념이 만들어지는 토대이다. 우리는 정신적으로 어떤 특별한 사물을 폐기할 수 있기 때문에 전체를 폐기할 수 있고, 우주를 대치하는 텅빈 심연을 생각할 수 있다고 상상한다. 바로 이런 상상적인 속임수의 결과로 우리는 '무라기보다는 오히려 어떤 것이 왜 존재하는가?'라는 라이프니츠의 의문을 이끌어낸다. 그러나 그 물음은 어리석은 질문이다. 부재는 어떠한 존재론적 의미도 갖지 않은 채 우리의 회상과 기대라는 범주에 관련된다. 칸트(Immanuel Kant)가 바르게 관찰했던 것처럼, 어떤 것의 사고와 존재하는 것으로서 동일한 사물의 사고 사이에는 아무런 차이도 없다. 그런 까닭에 대상을 존재하지 않는 것으로 인식한다는 것은 대상의 표상에 대해 배제의 관념을 부가하는 것이다. 사실상 존재를 부정하는 것은 상상된 대상 대신에 그 외의 어떤 것으로 대체하는 것이다. 그리고 '무'를 상상하는 것은 단순히 불가능하다. 이러한 의미에서 존재가 제기하는 '왜'라는 물음은, 마치 그것이 하나의 창조자가 관련되든 다수의 창조자가 관련되든 간에 절대적인 시초에 관련된 논쟁인 것처럼 사이비 질문이다.

'왜'라고 합리적으로 질문될 수 없는 이러한 존재는 최초의 실체가 아니며, 또한 시간적 실재의 영원한 근원도 아니

5. 생명과 물질　105

라는 것이 강조될 것이다. 즉 그것은 시간 그 자체이다. 우리가 스스로를 과정 내에 위치시킬 때 우리는 지속(Durée)이 근본적인 실재이며, 반면에 모두 잘 형성된 모든 형식들은 사실상 끊임없이 변화하는 실재에 관한 우리의 고정화된 견해이다. 플라톤(Platon)과 플로티누스(Plotinus)의 학설과는 대조적으로 실재 시간은 약화된 영원성이 아니다. 즉 영원한 존재는 기하학적으로 지향된 인간 지성의 허구이며, 인간 지성은 모든 것들이 '주어진다'는 가정하에서 작용한다. 실제로 '시간은 발명되어졌거나 아니면 전혀 아무것도 아닌 것이다(C 341).' 그리고 시간은 라이프니츠와 스피노자의 예에서 볼 수 있는 것처럼 근대철학에 있어 그 무엇도 아니다.

　베르그송은 그 스스로 1908년과 1912년 조셉 드 통께데끄(Joseph de Tonquédec)에게 보낸 두 편지에서 그의 우주론에 관한 범신론자의 해석을 소개했다. 저명한 프랑스 토마스주의자의 비판을 반박하면서, 그는 모든 에너지(élans)가 결과적으로 세계와 동일시되지 않는 신의 자유로운 행위로부터 나온다는 그의 견해를 설명했다. 즉 무의 불가능성은 우주의 신힘적 원인을 배제하지 않는다. '모든 것으로부터 이것은 분명히 물질과 생명을 생성시키는 자유로운 창조자인 신의 관념을 나타낸다. 그러므로 그의 창조적 노력은 인간의 구조와 종의 진화에 의해 생명의 영역에서 계속된다(W 2. 365).' 이것은 일원론과 범신론의 논박을 의미한다.

인간을 웃게 만드는 기술

생명과 물질간의 대조는 베르그송에 의해 미적 지각, 특히 희극현상의 다양한 국면들의 설명에 사용되었다.《창조적 진화》가 출판되기 오래 전인 1900년에 출판된 웃음에 관한 논문에서, 베르그송은 웃음을 일으키는 모든 대상과 상황의 다양성들은 — 코메디나 조크처럼 의도적으로 발생되거나 일상생활에서 무의식적으로 발생되거나 간에 — 궁극적으로 기계적 운동의 특징들을 드러내보이는 인간 행동의 한 유형으로 환원될 수 있다고 본다.

희극은 그것을 통해 우리가 사물과 유사해지는 인격의 한 측면이다. 희극은 특별한 방식의 경직성으로 말미암아 단순하고 순수한 기계주의, 자동주의, 생명이 없는 운동을 모방하는 인간사(人間事)의 양상인 것이다. 그러므로 희극은 즉각적인 교정을 요청하는 개인적이거나 집단적인 결점을 표현한다. 웃음은 바로 이러한 교정인 것이다(R 66-7).

예술의 현존은 우리의 지각이 물리적 필요에 의해 형성된다는 사실로 설명되어야 한다고 베르그송은 주장한다. 왜냐하면 그것의 다양한 성질들이 우리를 위해 갖는 실제적인 중요성에 따라 세계를 조직하고 단순화시키기 때문이다. 만약 우리가 실재와 직접적으로 관계한다면, 즉 세계가 실재의 순순한 형태에서 지각된다면 예술은 표현하고 지각하는 특별한 방식으로 풍부해질 것이다. 우리의 지각은 대상을 실용성의 기준에 따라 형성하므로 대상들의 개별성과 유일성은 우리에게서 벗어나고 반복할 수 있는 것에만 전념한다. 그러므로 예술은 타인에 대한 우리의 지각과 우리 자신의 느낌을 포함하는데, 이때 우리는 정상적으로 비인격적 즉 추상적인 면만을 보유한다. 특권을 갖는 영혼이라는 측면에서 예술은 이러한 실용주의의 태도, 즉 실제로 사용하기 쉬운 추상들을 제거하고, 사물을 그것들의 본래의 순수성에서 찾아 베일 없이 세계와 마주하려는 하나의 노력이다. 적어도 위대한 예술가의 경우에 있어 예술의 목표는 비록 예술의 결과들이 그것들의 보편적인 타당성에서 지각된다 하더라도 항상 유일한 어떤 것을 추구한다.

웃음을 일으키는 예술은 이런 규칙에 대한 기대이다. 즉 보편성은 작업 자체에 있다. 이것은 웃음이 정상적으로 정서적 무감각과 연관되기 때문이다. 따라서 사건들 또는 단어들의 희극적 측면은 우리의 지성에서만 작성되며, 우리의 느낌에서는 작성되지 않는다 만약 우리가 의자에 앉으려고 애쓰다가 마루에 넘어진 사람을 보고 웃는다면, 이것은 인간 행위의 고정성과 목적성이 갑자기 기계적 힘에 의해 대체되기 때문이다. 다양한 인간의 악행들은 희극을 통해서 그것들의 자동적 성격, 그것들의 적응성 부족, 그리고 인간의 환성에 자신을 적응시키려는 사람의 무능력의 결과로 인해 우스꽝스럽게 된다.

생명은 스스로 반복할 수 없다. 그러나 스스로 반복하면서 살아 있는 사람은 기계처럼 행동하며, 그럼으로써 웃음을 불러일으킨다. 법률 혹은 규칙은 엄격한 일관성으로 사용된다면 희극적으로 될지도 모른다. 비극의 영웅은 그가 과장된 연설의 중간에 다달았을 때 희극적으로 된다. 즉 우리는 갑자기 그가 육체를 갖고 있으며, 그 육체가 영혼을 압도한다면, 그 결과는 기계주의가 인간의 육체와 대체될 때 나타나는 현저한 차이와 유사하다는 것을 깨닫는다.

몰리에르(Molière : 1622~1673)의 희곡 속에 나타나는 의사가 의료규칙에 위배해서 치료되는 것보다 의료규칙에 따라 죽는 것이 낫다고 주장할 때, 그는 그가 나타내는 직업적 자동성 때문에 우리를 웃게 만든다. 만약 어떤 사람이 사물이 있다는 인상을 준다면, 그는 틀림없이 우스꽝스럽게 된다. 반복성은 희극이 애용하는 속임수이다. 그의 딸이 사랑하지도 않는 남자와 결혼하는 데 반대하는 많은 논증에 직면했던 몰리에르 희극 속의 아르빠공(Harpagon)이 완고하게 '지참금 한 푼 없어!'라고 반복할 때, 그는 희극적으로 된다. 마찬가지로 오르공(Orgon)이 그의 아내의 병을 알릴 때, '그리고 따르뛰프(Tartuffe)씨는요?'라는 물음을 반복하는 것도 희극적이다.

그들은 스프링이 부착된 상자를 고정시키려고 아무리 노력해도 그것은 튀어나오는 장난감의 효과를 일으킨다. 만약 명백하게 인간의 행위가 기계적 원인으로부터 결과한다고 판명된다면, 우리는 웃음과 반응한다. 많은 희극에서 구성은 동일한 상황이 반복적으로 다른 상황 속에서 발생하거나 혹은 역전된다는 사실을 구성한다.

반복성과 역전은 기계의 특성이다. 따라서 그런 인간의 행위는 우리로 하여금 웃게 만든다. 혼란은 변화에 적응하는 인간 능력의 상실을 표현하기 때문에 매우 희극적이다. 만약 미덕이(염세주의자의 진리처럼) 완고하고 사람의 반사회성을 나타낸다면 우스꽝스럽게 된다. 다른 예들은 실재에 대해 그들의 관념을 적응시킬 수 없는 사람들에 의해 제공된다. 돈키호테가 자신의 지각을 예상된 관념에 따라 형성할 때 그리고 그가 필요로 하는 것은 거인이기 때문에 풍차를 거인으로 볼 때 그는 우리를 웃게 만든다. 기계적으로 활동하는 힘들이 일련의 인간 행위들 속에 삽입될 때, 그것들은 사회와 인간의 생명이 자동인형의 특성들과 부조화됨을 나타낸다. 웃음은 인간 지성의 교정적인 반작용이며, 인간과 기계와의 혼동에 대한 이성의 저항이며 인간성의 재주장이다.

해설

베르그송은 우주론이 그의 저작들의 다른 부분들처럼 기존의 경험으로부터의 엄격한 추론이라고 믿었다. 그의 궁극성과 신의 창조에 대한 그의 부분적인 승인이 비록 경험과 모순되지 않더라도, 그것들이 경험으로부터 추론될 수 없었다는 의미에서 그는 확실히 지나치게 낙관적이었다. 즉 이것은 과학의 자료에 덧붙여진 해석이지만 논리적으로 그것들에 입력되진 않았다. 나는 다윈주의의 설명에 관한 베르그송의 혹평에 대한 타당성을 논의할 입장에 있지 않다. 그렇지만 돌연변이와 도태의 기계주의가 진화의 과정을 설명한다는 내용은 아직 논의의 여지가 있다. 그리고 많은 진화론자들은 모든 생명형태들과 모든 유기체의 출현이 다윈주의의 용어로 충분히 설명될 수 있다고 믿지 않는다. 그러나 창조적 생명, 그리고 목적적인 우주에너지의 관념은 아무리 정당화해도 결국 이런 종류의 비판에 기초하지는 않는다. 우리가 원생동물로부터 인간으로 진행되는 유기적 세계상을 유전학적 계획을 복사함으로써 일어나는 기계적 실수의 결과로 아무리 강력하게 돌린다 하더라도, 또는 아무리 설득력 있게 우리가 지시의 관념을 진화적인 오디세이에서 찾는다 하더라도, 우리 문명이 지난 4세기 동안 확립한 과학적 탐구의 맹목적 암호는 우리로 하여금 신의 흔적들을 물질의 기계장치에서 인식하는 것을 방해한다.

최근 수십 년 동안 축적되어 왔던 다윈주의의 구조 내에서 설명될 수 없을 것 같은 많은 양의 사실들에 직면했던 유능한 연구자들은 설사 계획되지 않았다 하더라도, 지시를 따르는 진화의 관념과 그리고 진화과정의 질서와 현실에 책임이 있

5. 생명과 물질 111

는 알려지지 않은 분리된 원리의 개념을 미약하나마 시험적으로 다루고 있다. 이것은 아마 베르그송이 말하는 생명(élan)에 가까울 것이다. 그러나 그들에 있어서 커다란 차이는 이러한 추측을 초의식의 구체화된 가정으로부터 분리시키거나, 신의 의식만으로 정신의 궁극적인 승리의 길을 열게 하는 것이다.

물론 과학의 암호는 인간의 작업 즉 인간이 판단한 결정체이다. 그런 까닭에 그것은 변화될 수 있다. 많은 철학자들은 그것을 변화시키기 위해 일해왔으며, 베르그송도 그들 중의 한명이다. 과학적 경험론의 규칙들은 그 자체로는 경험적 탐구의 논리적 산물이 아니며 아마 무시될지도 모른다. 그러나 만약 우리가 베르그송의 태도로 과학의 개념을 확대시키려고 하고, 자유주의자의 정의에 의해 과학이 베르그송의 우주진화론과 우주론에 의해 제시된 우주의 파노라마적 전망을 지지할 수 있음을 보여주고자 한다면, 이것은 엄격한 근대적 의미에서 아마 과학이 아닐 것이다. 그런 까닭에 우리는 베르그송의 정신과 육체이론에 대해 유추적 언급을 할 수 있다. 베르그송의 형이상학은 확실히 참일 것이다. 따라서 어떤 경험도 진화 작업 중에는 어떠한 신적 에너지도 없으며, 잘 정의된 지시로 세계를 이끄는 어떠한 의도도 없다는 의심을 초월해 우리를 확신시킬 수 없다. 과학적 조사의 엄격함을 유지할 때 우리는 다음과 같이 말할 수 있을 것이다. 아마 우주는 베르그송이 사유했던 방식대로 운행할 것이다. 아마 우주는 창조적이며 사랑하는 인간의 안내하에 있을 것이다. 그러나 만약 우리가 과학적 표준들에 의해 받아들여지거나 받아들여지지 않는 규칙들을 변경시킬 수 없다면 우리는 이러한 신념을 과학적 실험에 의해 긍정적으로 강화할 수 없다.

베르그송 우주론의 중심 관념은 다음과 같다. 전체는 내 자신처럼 동일한 본성을 갖고 있다. 의식적 삶을 생성하는 시간은 우주의 모델이다. 시간에 관한 우리의 내적 경험은 우리가 직면하는 가장 항거할 수 없는 사실이다. 우리는 심리학과 물리학의 '기하학적' 편견을 완화한 후에 의식적 삶의 실질적인 흐름으로 출발할 것이다(베르그송의 접근방법은 심리학적 접근을 한 것이 아니다. 심리학은 그 규칙들을 보다 발전된 영역으로 이끌었던 자연과학이며, 반드시 정신을 객관화해서 그것에다 공간적 상상의 파생물인 물리적 시간의 추상적 허구를 부가한다).

내 자신으로부터 우주에 이르기까지의 이러한 비약을 나는 어떻게 수행하겠는가? 생각컨대 그것은 직관에 의해, 아니면 거대한 삶의 충동과 일치시키려는 노력에 의해 수행될 것이다. 그러나 직관은 분명 분석적 노력에서 등가를 이룰 수 없으며, 합리적 범주 내에서 적절히 번역될 수 있는 것이 아니다. 직관은 결국 우리에게 진리를 전달하지만, 그 진리는 언어의 영역을 넘어선다. 우리의 플라톤적 편견이 근대과학의 한계보다 더 깊은 뿌리를 갖는다고 말하는 것은 바로 베르그송의 철학을 따르는 데에 있다. 그러한 편견들은 언어 자체

내에 있는 고유한 성질이다. 우리의 언어는 물론 역사적으로 상대적이다. 즉 어떠한 말로도 세계가 그 자체 속에 존재하는 것처럼 세계를 반영한다고 주장할 수 없을 것이다. 그러나 언어는 우리 마음대로 다루는 도구이다. 그런 까닭에 언어가 신이든 혹은 그 외의 것이든 절대적 실재에 도달할 수 있다는 것은 있을 수 없는 것이다.

6. 사회와 종교적 믿음

닫힌 사회와 열린 사회

《창조적 진화(*Creative Evolution*)》와 베르그송(Henri Bergson)의 다음 저작이자 마지막 저작인《도덕과 종교의 두 원천 (*Two Sources of Morality and Religion*)》의 출판 사이에는 25년이란 시간이 경과했다. 이 기간 동안 그는 몇 편의 철학적 논문을 썼으며, 그 논문의 대부분은《물질과 기억(*Matter and Memory*)》,《의식의 직접적 소여에 관한 시론(*Essay on the Immediate Data of Consciousness*)》의 주제들과 연관된 것들이었다. 그는 대중적인 인물이 되었으며 노벨 문학상을 포함해 여러 개의 명예장을 받았다. 그는 외교사절로 미국과 스페인을 방문하고 많은 애국적인('주전론적인'이란 형용사가 아마 적절할 것이다) 저작들을 출간함으로써 1차 세계대전에 기여했다. 그는 1차 세계대전 후에 국제기구와 프랑스의 교육개혁에 적극적으로 참여했다. 그는 과감하게 아인슈타인(Albert Einstein : 1879~1955)과 토론을 했으며, 이 토론의 결과로 《지속과 동시성(Durée et simultanéité)》이 출판되기도 하였다. 하지만 이 책은 후에 수학적 지식이 그의 과제를 수행하는 데 적합치 않음을 인정하였기에 재출판되는 것을 허락하지 않았다. 당시 그의 철학적 관심은 한편으로는 사회적 현상으로서의 종교의 의미이며 다른 한편으로는 인간을 신과 접촉하는 통로로서의 종교의 의미였다. 그러나 베르그송의 이런 철학적 관심은 당시 그의 공식활동에서는 거의 나타나지 않는다.

우리는 베르그송의 주요 저작에서 논쟁의도의 유사성을 돌이켜 주목할 수 있다. 《물질과 기억》에서 베르그송은 근대의 신경생리학적 접근이 유기체로부터 정신의 독립이라는 개념에 영향을 주지 않는다는 것을 보여주려고 시도했다. 《창조적 진화》의 목표는 인간과 우주의 순수한 본질개념을 정당화하지 못하는 변형주의 이론이 위대한 정신을 물리기계의 배후에서 지각하는 데 보다 큰 이유를 두었다는 사실을 밝히는 것이었다. 《도덕과 종교의 두 원천》의 과제는 종교현상에 대한 사회학적 연구와 그들의 사회적 기능이 세계를 관통하고 창조자의 정신에 일치하는 최초의 생명(élan)과 의사소통하는 형식으로 종교적 삶의 관점에서 공존할 수 있을 뿐 아니라 더욱이 그러한 견해를 지지하고 있다는 것을 논증하는 것이었다.

겉으로 보기에 베르그송은 이 저작들을 통해 유물론을 확립해 인류의 종교적 유산을 영원히 제거하고 있는 근대과학의 결과들을 그의 정신주의 태도로 동화시키려고 했다. 즉 그는 우리가 과학의 유물론적인 해석을 묻기 위해 과학의 실체 내에서 아무것도 물을 필요가 없다는 것을 나타내려고 하였다. 하지만 이 유물론적 해석은 결코 경험적 연구에 대한 논리적 결과가 아니라 사실들에 부과된 독단적인 철학적 편견이다. 따라서 과학의 새로운 발견들을 적절한 내용으로 환원하면, 우리는 신, 정신 그리고 종교를 물리적·심리학적 그리고 사회적인 실재로 변형시키는 유물론적 환원이 기계주의적 형이상학에서 유래된 정신적 편견임을 알게 될 것이다.

따라서 신경생리학과 생물학 이후에 사회인류학은 베르그송의 비판적 동화 대상이 되었다. 베르그송의 일생에서 종교적 삶의 근원과 기능에 대한 인류학적 연구는 여러 뛰어난 정신들이 기여함은 물론이고, 날카로운 논쟁들로 가득찬 비교적 자발적인 학문을 통해서 발전되었다. 《종교적 삶의 기본이 되는 형식들(*Elementary Form of Religious Life*)》은 뒤르껭(Emile Durkheim)의 여러 단행본들처럼 그 주제에 많은 영향을 준 저작 중의 하나이며, 베르그송에게도 가장 친숙한 책 중의 하나이다. 《도덕과 종교의 두 원천》에는 직접적인 논쟁거리가 거의 없으며 각주도 거의 없다(뒤르껭은 두 번 언급되며, 때때로 우리는 레비-브륄Lévi-Bruhl, 모스Mauss, 웨스트르마르끄Westrmarch의 이름을 발견한다. 그러나 미국이나 영국의 인류학자들에 대한 언급은 없다).

고등사범학교의 이전 동료들이 그의 비판에 주요 표적이였다. 뒤르껭은 집단의식과 사회적 결속을 꾀하려는 사회에 대한 욕구와 신화적인 이미지에 관한 공공생활의 다양한 구조에 호소함으로써 '종교적인 믿음은 무엇을 위해서인가?'라는 질문에 직접적으로 대답한다. 베르그송의 저작을 인류학적 작업이라고 말하기에는 적절하지 않다. 오히려 그의 저작은 인류학적 요소에 대한 철학적 검토이다.

《도덕과 종교의 두 원천》에 근거하는 주된 대립은 사회 대 종교 또는 도덕 대 종교가 아니다. 그 대립은 오히려 순수하게 사회적이며, 사회적으로 설명가능한 종교적인 삶과 도덕적인 삶(사회 그리고 정적 종교와 밀접한) 양자의 형식과 우리가 인간 정신의 협동 그리고 존재의 창조적 근원과 연관된 상상력을 인식하는 그것들의 보다 높고 질적으로 상이한 명시(열린 사회와 역동적인 종교) 사이의 대조이다. 이러한 협동에 있어 가장 우수한 행위들은 위대한 신비주의자들에 의해 수행된다.

베르그송은 오랫동안 신비적인 현상들에 흥미를 가지고 있었다. 1909년에 그는 신비주의의 역사와 심리학에 대한 앙리 데라 크로와(Henri Dela Croix)의 책을 재검토했는데, 아마도 이 책은 그에게 성 테레사(St. Teresa)와 마담 귀용(Madame

Guyon)의 정신적인 세계를 전수했을 것이다.

　베르그송에 따르면 우리가 따라야 하거나 적어도 따르는 척해야 하는 도덕적 의무는(만약 우리가 단지 따르는 척한다면 이것은 비록 우리가 그것을 회피하려고 애쓸지라도, 그것들의 압력을 느끼고 있음을 입증한다) 자연의 작업이다. 개미집과는 달리, 사회는 자유로운 개인들로 구성되며 그들은 사회적 규범 속에 머물 수 있거나 그것을 부정할 수 있다. 도덕법칙의 체계는 본능이 홀로 사회적인 곤충 가운데서 책임질 수 있는 기능을 이행한다. 도덕법칙은 자연의 질서로 인식되는데, 그것은 사회가 분리되는 것을 방지하며 사회적 결속을 보장하기 위해 필요한 것이다. 도덕법칙 자체는 비인격적이지만 우리 자신의 한 측면을 구성하는 우리 의식의 일부로 사회적 자아를 지속시킨다. 그래서 우리가 그것을 수행하지 못했을 때, 타인들뿐 아니라 우리 자신에게서 분리되는 것을 느낀다. 한 범죄자가 자발적으로 그의 죄를 고백하는 것은 그의 과거를 알지 못하는 다른 사람에게 그가 소개될 때 그는 더 이상 과거와 동일한 사람이 아님을 느끼기 때문이다. 따라서 고백에 의해 처벌받게 됨으로써 그는 사회 속에 재통합되고 그것에 의해 다시 그 자신을 찾는 것이다.

　본능이 개미에게 부과하는 '의무'는 정확하고 상세한 것이다. 하지만 인간 사회에서 현존하는 규칙은 본질적으로 필연적이지만 그것들의 내용은 한 사회에서 다른 사회로 변한다. 불합리한 규칙일지라도 복종하는 것이 건강한 사회적 삶

6. 사회와 종교적 믿음 119

에 기여하는 것이다. 사회적 본능이 완벽한 절족동물과 더불어 자연이 자유롭고 지능적인 — 불완전하지만 막연한 진보를 할 수 있는 — 개별자들로 구성되는 종을 산출하는 데 성공한다면, 자연은 내면화된 매개를 통해서 유사한 기능을 이행하기로 의도된 억압체계를 창안한다. 도덕적인 관습과 신념은 언어와 비교될 수 있다. 즉 모든 언어의 일정한 특성은 사용법에서 나타나지만, 말의 결점은 자연에 의해 주어진다.

 의무의 본질적인 체계는 그것을 결속시키는 특정한 사회에서 쓸모있게 계획되었다. 하지만 사회는 아무리 큰 사회일지라도 닫혀져 있다. 다시 말해 그 사회의 구조와 자기 인식은 규범을 넘어서 확대될 수 없음을 암시한다. 거기에는 단지 자연을 위한 계획만이 존재한다. 원시적인 사회본능은 공동체의 결속을 보장하고 다른 집단들의 결속에 반대한다. 그러므로 결속은 다른 사회에 대항해서 형성된다. 그리고 전쟁을 초래하는 근원은 재산이 그러한 것처럼 자연의 작업이다. 더욱이 종족들로부터 보편적인 인간의 도덕으로의 어떠한 본질적인 변화도 없다. '아무리 큰 국가일지라도, 국가와 인류 사이에는 한정된 것으로부터 무한한 것으로의 닫힌 것에서부터 열린 것으로의 거리가 있다(T 27).' 전자를 차례차례 확대해서 후자에 도착하는 것은 불가능하다. 전체 인종을 포용하는 도덕성으로의 도약은 종교적인 영감 없이는 수행될 수 없다.

 마치 우리 모두가 공유하면서 살아가는 것이 이성을 통해서,

그리고 이성 안에서만 가능하듯이 종교가 인간으로 하여금 인류를 사랑하라고 권하는 것은 신을 통해서 그리고 신 안에서만 가능하다. 따라서 이성을 통해서만 그리고 이성 안에서만 철학자는 우리에게 인류를 보게 하며, 인격의 탁월한 위엄과 타인의 존경에 대한 모든 사람들의 권리를 우리에게 보여준다. 어느 경우든 우리는 가족이나 국가를 통해 단계별로 인간성에 도달하는 것이 아니다(T 28).

우리는 모든 사람에게서 인간성을 볼 수 있다. 그리고 모든 사람의 도덕적 의무와 주장에서 평등하게 열린 사회를 향한 이러한 행진은 다양한 문명을 열었다. 그리스의 철인들, 유태인 예언자들, 불교와 기독교의 성인들은 보편적으로 인간의 도덕성을 향해 길을 개척해왔다. 자연과는 달리 이런 위대한 정신들은 명령이나 압력을 행사하지 않는다. 그들은 모든 사람에게 호소하여 그들의 추종자들을 찾는다. 그리고 나서 그들은 우리의 영혼에는, 비록 발달되지는 않았을지라도, 인류애를 향해 종족의 정신성을 초월하는 잠재적인 능력이 있음을 증명한다. 닫혀진 영혼은 결속의 영역을 다른 사람과 연계시킴으로써가 아닌 다른 참된 인간의 본성을 획득함으로써 열린 영혼으로 진화할 수 있다. 그것은 창조적인 감정으로 인류를 스스로 개방시키게 하며 우리가 다른 사람을 미워함으로써 어떤 사람을 사랑할 수 있는 삶의 방법을 포기하게 한다.

만약 닫힌 도덕과 열린 도덕이 정도에 있어서가 아닌 본질에 있어서 서로 상이하다면, 그것은 그것들의 주입력과 잠재력 때문이다. 전자는 자연적인 진화의 산물이며, 후자는 종교적인 원천에서 나타난다. 전자는 사회를 보존하게 하며, 후자는 어떤 진보적인 사고를 암시하는데, 그것을 이끄는 사람들은 인류의 위대한 스승이며 예언자들이다. 전자는 사회의 본질적인 요구에 의해 설명될 수 있으며, 후자는 최초의 신적 에너지인 우주는 물론 사회 자체까지도 설명하는 원리들이 될 수 있다. 인류를 이끄는 정신은 물론 기적적으로 그것을 미움이나 투쟁이 없는 열린 사회로 변하게 할 수는 없다. 그러나 그것들의 노고는 헛되지 않다. 그것들은 우리의 종족 본성의 완고성에 의해 아무리 방해받고 느려진다고 해도, 우리를 우애 있는 공동체에 더욱 가깝게 하는 진보의 장치들이다.

이런 과정에서 기독교의 위치는 분명 지배적이다. 사실 플라톤 이론은 인간 존재가 동등한 가치를 갖는다고 암시하지만, 그 암시적인 것을 명확히 하는 데는 실패했다. 또한 고대 중국의 숭고한 도덕이론이 전체 인류에 공헌하기 위해 계획되진 않았으며, 스토아 철학자들은 동포애를 단지 이상으로만 설교했다. 따라서 기독교가 처음으로 인간 평등을 암시하는 보편적인 형제애에 실제적인 힘을 주었다. 인간의 권리 인식의 길은 역사적으로 길고 고통스러웠지만 기독교 복음에 의해 열려지게 되었다.

이러한 두 도덕은 그 효능을 이론적 진리에 돌리는 것이 아니라 감정에 돌린다. 자연적인 의무는 우리 영혼의 '지적 이하의' 영역인 낮은 부분에 속하며, 반면 열린 도덕에 대한 잠재성은 '지적 이상의' 영역에 위치한다. 하지만 우리의 지성은 이 두 영역 사이에 있다. 지성은 열정과 자기 흥미에 대항해서 홀로 싸울 수 없다. 왜냐하면 우리가 이성을 바탕으로 해서 실행가능한 도덕을 만드는 것은 헛수고이기 때문이다. 비록 '형이상학과 도덕이 동일한 것을 표현할지라도 전자는 지성에 관한 것이며 후자는 의지에 관한 것이다 (T 46).'

지성은 그 자신을 의지의 행위로 변형시킬 수 없으며, 그것들이 사회적 압력으로 생겨난 것이든 사랑의 추진력으로 생겨난 것이든 간에 우리를 의무에 복종하게 할 수 없다. 궁극적으로 이 의무의 두 원천은 동일한 생명의 힘이 두 갈래로 흘러나온 것으로 보아야만 한다. 이러한 의미에서 그것들의 본질은 생물학적이다. 사회적 결속을 유지하는 압력으로서의 도덕은 마치 물질이 생명의 조건인 것처럼, 정신적인 영감의 보편적 도덕을 위한 토대이며 필연적인 조건이다.

두 경우에 있어서 보다 높은 형식들은 그것들을 가능하게 만드는 낮은 층의 저항을 극복해야만 한다. 그것은 마치 신이 보다 훌륭한 창조를 위해 우선 그 작업에 장애물을 설치한 것처럼 보인다. 이런 의미에서 베르그송의 형이상학은 기독교와 신플라톤주의자들의 통찰을 계승한 것이다. 말하자면 신은 세계 속에 그 자신을 소외시키고 내던진 후, 세계 속에 다시 흡수되어서 그 자신의 존재의 충만함에 도달할 수 있는 것이다.

종족(種族)의 종교

서로 환원될 수 없는 두 종류의 종교에 관한 베르그송의 분석을 통해 우리는 유사한 도식을 발견할 수 있다. 닫힌 도덕처럼 정적인 종교는 자유로운 선택과 사유의 선물이 겸비된 창조물들의 공동체를 위해 자연에 의해서 고안된 기관이다. 우리는 원시종교의 다양한 신화와 의식에서 발견되는 잔인하고 불합리한 행위에 종종 당황한다. 우리는 레비-브륄(Lucien Lévy-Bruhl : 1857~1939)처럼 그러한 사회의 사람들은 근본적으로 상이한 정신을 갖고 있다고 상상할 필요가 없으며, 또 뒤르껭처럼 그들의 집단적인 의식은 본질적으로 우리와는 다르다고 가정할 필요가 없다. 단지 우리는 종교적인 믿음과 관습의 자연기능을 살펴보면 된다.

종교의 근본적인 기능은 신화를 생성시키는 것이다. 즉 그것은 사회적으로 파괴적인 지성의 작업을 저지하고 순화시키는 것이다. 지성이 없는 꿀벌에게는 미신 역시 필요치 않지만, 종교적인 믿음과 관습은 인간에게 공동으로 주어진다. 왜냐하면 전자만이 후자에 의해 제한받지 않고, 사회적이며 개인적인 삶을 붕괴시킬 수 있기 때문이다. 신화적인 형상은 인간 공동체에서 본능의 대리인으로 안정과 질서를 보장한다. 지성과 사교성은 생물학적 기원의 두 갈래이며, 그것들은 궁극적으로 동일한 목적에 이용된다. 그러나 둘 사이에 항구적인 긴장이 없다면, 인종(人種)은 자신의 운명을 조정하면서 따라 나갈 수가 없게 된다.

첫째, 우리의 지성에는 우리 자신의 관심에 관해 배타적인 생각을 방해하게 하는 것은 전무하다. 자연은 무모한 지성의 충돌로부터 사회질서를 유지하기 위해 신비적인 다양한 허구 — 보호하고, 위협하며 그리고 처벌하는 신들 — 를 만들어냈다. 그리고 종교적 신화들은 물리적·도덕적 질서간의 적절한 차이를 결코 나타내지 못하였다. 이런 원시지각의 종류는 결코 근대의식에서도 사라진 것은 아니다. '표면을 깎아내고 교육받았던 것을 말살해보자, 그러면 우리는 우리 자신 속에서 원시적인 인류를 발견한다(T 132).' 우리는 지속적으로 도덕적인 금지가 바로 그들이 언급한 것들에 의해 수행됨을 느낀다.

둘째, 신화는 인간에게 죽음의 불가피성에 대한 지식을 방해하는 힘에 대항하는 수단을 제공한다. 동물에게 이런 지식은 불필요하며 실제로 해로운 것이지만, 자연은 우리가 죽어야만 한다는 인식 없이는 우리에게 이성의 선물을 승인하지 않았을 것이다. 생존에 관한 모든 신화들은 이런 무서운 지혜의 반동 속에서 나타난다. 왜냐하면 사회는 개인의 정신

속에 건설되기 때문이다. 그러나 집단적인 권위가 적용된다면 개인들이 죽은 후에 그림자의 형태를 유지하는 것은 중요하다.

셋째, 인간의 지성은 우리의 대상과 행위간의 정신적 공간을 채운다. 즉 망설임을 경험하지 못하는 동물들과는 달리, 우리는 우리가 반응해야 할 상황을 예견하고, 의도를 수단과 맞춰보고 우리 노력의 불확실성을 깨닫는다. (세계를 다루면서 우리의 나약함을 인식한다는 낙담적 결과들을 중화시키기 위해), 자연은 우리를 인과고리 내에서 작용하는 의도적이고 우호적인, 혹은 적대적인 힘들에 관한 이미지들로 우리를 무장시켰다.

우리는 이해할 수 없는 사고들과 기계적인 원인들을 우리에게 더욱 잘 들릴 것 같은 선 혹은 악의 능력에 대한 허구들로 대치한다. 그래서 우리는 세계를 맹목적인 우연의 힘보다는 덜 무서운 실재의 모든 종류에 거주시킨다. 즉 그것들은 바로 적이며, 대항해서 싸울 수 있으며, 인간의 적처럼 패배시킨다. 마술은 그것들에 인간과 같은 의도성을 부여함으로써 우연의 힘들을 다루고 길들이는 체계이다.

결코 마술은 과학의 열등한 종류가 아닌 자연적인 종교의 한 측면이며, 생명이 적대적인 환경 속에서 그들 자신을 명백히 할 우리의 지성을 약화시키거나 소멸시키려는 인간의 의지로부터 보호하기 위해 세운 본능적인 장애의 한 부분이다. 지식의 성장과 기술적인 숙련은 — 비록 완전히 폐지되지는 않겠지만— 우리의 실천적인 노력에 있는 불확실성의 경계를 점진적으로 환원시킨다. 그곳에서 모든 사건 배후의 의식적인 의도를 발견하려는 우리의 필요와 마술적인 수단으로서 세계를 모방하려는 우리의 필요를 서로 환원시킨다. 마술이 없었다면 원시적인 인간의 지성은 실제적인 노력을 마비시키고 진보를 사장시켰을 것이다.

보편적인 종교 : 신비주의

정적인 종교에 관한 베르그송의 개념은 자연에 기인하는 언어의 최종적인 원인을 제외하고도 이성주의자의 접근 내에 있는 것으로 보여진다. 즉 종교는 근본적으로 생물학적 생존의 욕구에 의해 설명되는 것 같다. 그러나 '동적인 종교'의 출현은 정적인 유형에 새로운 빛을 던진다.

닫힌 도덕과 정적인 종교가 보존력인 반면, 동적인 종교는 주요 기관이며 이를 통해 생명은 개인과 전체 인류의 진보를 보장한다. 인간은 우주의 존재이유이기 때문에, 그리고 자유로운 창조적 힘이 성공적으로 충만함에 도달할 수 있는 것은 인간의 발전을 통해서이기 때문에, 동적인 종교는 신적 약동에 관한 최상의 표현이라 말해질 수 있다. 커다란 신비에 관한 종교적인 노력을 통해 인류는 바로 존재의 근원으로 돌아간다.

동적인 종교를 이끄는 힘인 참된 신비주의는 종교의 역사에 매우 드물게 나타난다. 그러나 그것이 숨겨져 있다 하더라도 실제적인 층을 우리의 정신에서 움직이게 하고, 그것의 몇몇 형식들을 모방함으로써 궁극적으로 본질을 동화시키는 보수적인 종교를 점진적으로 변형시키거나 격상시킬 수 있다. 따라서 종교적 삶에는 진보가 있다. 즉 정신을 숭배하는 것에서 인격적인 신들의 숭배로 변천하는 것은 이미 중요한 단계를 향하고 있다. 신비적 경험의 능력은 새로운 색깔을 이미 확립된 신화에 입힌다. 따라서 어떠한 정적인 종교도 위대한 신비적 영혼에 직면한 후에 다시 동일한 만남을 하지 못한다. 신비주의는 '생명이 나타나는 창조적인 노력과의 접촉에서, 그리고 그 노력과의 부분적인 일치로 귀착된다. 이러한 노력은 신 그 자체는 아니라 하더라도 신의 것이다. 위대한 신비가는 그것의 물질성에 의해 종에 지정되었던 한계를 뛰어넘어서 신적 활동을 속행하고 확장하는 개인일 것이다(T 233).'

이성주의자의 철학을 풍부하게 했고, 그 속에서 생존했으며 궁극적으로는 그것을 가능하게 한 그리스의 신비주의는 이성을 초월하는 신플라톤적인 사유에 있어 숙고와 행동이 집중되는 절정 상태에 도달하는 데 실패했다. 플로티누스(Plotinus)는 그가 행위를 약화된 숙고로 인식했던 고대 주지주의에 충실히 남아 있다. 힌두교와 불교의 신비주의는 그들의 숭고한 성취에도 불구하고 완전한 형식에 도달하는 데 실패했다. 그들은 삶과 창조적 의지로부터 벗어나는 방법을 추구했다.

즉 그들은 지성의 노력과 기술적인 진보가 동화될 수 있음을 증명하지 않았다. 그리고 따뜻한 사랑이 결여되어 있다. 이런 모든 측면에서 그들은 신비적 자극이 절정에 달하는 기독교와는 다르다.

기독교인의 신비주의에는 숙고와 행동이 서로 충돌하지 않는다. 즉 성 바울(St. Paul), 성 테레사(St. Teresa), 시에나의 성 까뜨린느(St. Catherine), 성 프란시스(St. Francis), 아크의 요한(Joan) 같은 위대한 기독교 신비주의자들은 사랑에 의해 고취된 비상한 생명력을 발산했다. 신비적 결합은 그것이 사유와 감정뿐만 아니라 의지까지도 끌어안을 때 완전해진다. 신비적 사랑은 다만 신에 대한 인간의 사랑이며, 모든 인간을 위한 신의 사랑이었다.

위대한 신비가는 성스러운 사랑으로 인류를 사랑한다. 이런 사랑은 이성이나 감각으로 되는 일이 아니다. 그것은 지배적인 영혼들과 전체 인류에 도달하려는 시도를 통해서 자신을 명백하게 하는 생명의 추진력이다. 본질적으로 인간의 기술적인 노력과 신비적인 깊은 신앙심 사이에는 어떤 긴장이 있다. 그리고 그러한 긴장은 '인류에 대해 자연이 부과한 물질적 상황 속에서 깊은 변화가 급격히 정신적인 변형을 가능하게 만들 때(T 250)'까지는 불가피하다. 말하자면 보통의 종교적인 삶은 신비주의에 관해 곤란한 것을 보존하지만, 물질적인 존재의 요구는 그것을 부드럽게 한다. 이러한 보통의 형식을 통해서 약간의 신비적 불꽃은 모두 분배되어질 수 있

6. 사회와 종교적 믿음   129

다. 위대한 신비론자의 보이지 않는 압력은 새롭고 예외적인 영혼이 정당한 순서를 밟아서 나타날 때 살아남으며 강화된다. 그리고 가장 위대한 기독교의 신비론자들도 기독교의 기원을 이룬 사람, 바로 예수 그리스도의 ― 최초이지만 불완전한 ― 모방자들이다.

모든 종교에 있어 신은 아리스토텔레스(Aristoteles)의 신과는 달리 우리가 의사소통할 수 있는 존재이다. 신비론자에게 있어서 사랑은 신의 속성이 아니라 신 자체일 뿐이다. 그리고 그들은 우리가 신을 필요로 하는 이유와 동일하게 신이 우리를 필요로 한다고 주장한다. 왜냐하면 신은 우리를 사랑하기 위해 우리를 필요로 하기 때문이다.

엄격하게 말해서, 비록 신비적인 경험의 확신이 간단히 철학적 지혜를 변하게 할 수 없을지라도, 어떤 문제도 해결하지 못한 신비론자는 철학적 관점을 변화시켰으며 철학자들이 그들의 문제에 묻고 대답하는 방법에 기여했다. 즉 우리는 그들의 경험을 언급하지 않고, 신, 사랑, 무(無) 그리고 창조를 철학화할 수 없다. 가장 믿을 수 있는 철학의 방법은 실재가 측정될 수 있다는 조합된 개념들보다 먼저 경험을 고찰하는 것이다.

철학자들은 신의 관념을 세우려는 경향을 갖고 있으며 세계의 성질들을, 만약 신이 존재한다면 그 관념도 존재하는 것처럼, 신의 관념으로부터 연역한다. 그래서 그들은 이러한 성질들을 인식하는 데 실패했기 때문에 신은 존재하지 않는다는 결론을 내린다. 특히 이것은 어떻게 철학자들이 악과 고통이라는 끔찍한 문제를 다루었는가를 보여준다. 마치 우리가 실제로 모든 가능성을 포함해서 '모든 것'이라는 관념을 갖고 있는 것처럼, 우리는 신의 전지전능함을 말한다.

그러나 이런 관념은 무의 관념만큼이나 공허하다. 우리는 이런 관념을 사용해서 신이 고통과 악으로부터 세계를 자유롭게 만들었을 것이라는 이론을 갖는 전지전능함을 추론할 수 없다. 베르그송은 신정론(神正論)을 시도하지 않았으며, 오히려 우리가 그것에 상관하는 개념을 결여했기 때문에 '신정론의 문제'는 없음을 지적했다. 그럼에도 불구하고 그는 낙관주의를 공언한다. 인류가 삶에 매달려 있기 때문에 사람들 전체가 삶에 대한 판단이 적극적이며, 즐거움과 고통을 초월하는 순수한 기쁨같은 것이 있다는 것이 사실이다. 이러한 것이 신비주의자의 경험이다.

이 경험은 생존의 문제를 밝힌다. 우리는 기억에 관한 연구의 토대 위에서 매우 그럴 듯하게 나타나는 불멸성이, 신비주의자들이 그들의 인격을 분해하거나 흡수함이 없이 신성한 본질에 참여할 때 직접적으로 경험하는 것과 동일한 것인지를 아직 확신할 수 없다. 따라서 앞으로의 탐구가 이 문제를 분명히 할 것이다.

다른 한편 베르그송은, 만약 우리가 절대적으로 불멸성을 확신한다면, 우리는 그 밖의 것은 생각할 필요가 없을 것이며, 우리 속세의 모든 기쁨은 사라질 것이라고 언급한다. 아마도

6. 사회와 종교적 믿음 131

(비록 베르그송이 그렇게 많은 단어로 이것을 말하지 않았지만) 사후 생존에 관한 불확실성은 인간 사회의 생명력과 진보의 원천을 유지시키기 위해 자연이 고용한 많은 장치들 중의 하나로 보여질 것이다.

만약 정신의 어떤 의사-신비적인(quasi-mystical) 상태나 혹은 참된 신비적인 상태가 화학적인 수단, 뇌손상의 결과에 의해 야기된다면, 이것은 베르그송이 믿듯이 정신과 육체의 관계에 대한 그의 해석과 매우 잘 조화된다. 생리학적 불안은 본래 의식 속에 있는 육체의 한 기관이며, 육체의 필요에 따라 인간의 정신적 능력뿐만 아니라 기억의 자원들과 지각행위들은 여과시키는 뇌에 의해 가라앉는다고 생각할 수 있다. 비활동적·무의식적으로 놓여 있는 영혼의 이런 힘들을 가져오는 외재적·내재적 요소에 의해 야기되며 생각할 수 있다. 뇌의 어떤 금지기능의 급격한 동요는 이런 감춰진 정신능력을 활동하게 하거나 다르게 할 것이다. 그리고 베르그송에 따르면, 그것은 위대한 신비주의자들에게만 숙고와 행동간의 긴장이 해소된다고 상기될 것이다.

베르그송은 그의 일반적인 낙관주의적 분위기를 유지하면서 인류의 운명이 전쟁이 사라진, 그리고 민주적인 가치와 인권의 존중이 만연한 '열린 사회'를 향해 점점 더 가까이 다가가야 한다고 믿었다. 지금까지 이런 모든 진보는 인류에게 필요하지만, 결코 그들에게 공통적으로 충족시킬 수 없었던 보완적 가치들 사이를 동요시키고 있는 긴장의 한가운데서 발생했다.

베르그송은 보다 단순한 삶의 동경은 다시 돌아오며, 우리가 인위적인 필요를 제거할 수 있음을 증명하고 동시에 기술적·사회적 진보가 물질적인 장애들과 사람들이 더 많은 힘을 정신적인 전진으로 향하지 못하게 하는 곤란을 제거하는 것과 그것이 매우 유사하다고 믿었다. 기술적인 발달과 과학적인 발달, 그리고 종교적인 발달 사이에 본질적인 갈등은 없다. 반대로 갈등은 물질적 불만족들이며, 우리에게 종교적 필요의 확장을 위한 여지를 거의 남기지 않는 결핍들이다.

해설

우리가 살펴보았던 것처럼 베르그송의 역사철학은 비연속적인 진보의 관념에 근거한다. 과거 인간에 대한 파노라마는 필연적으로 영웅적이다. 즉 그들은 위대한 영웅들, 사상가들, 천재들, 성인들이며, 인류를 더 좋은 사회, 더 좋은 삶 그리고 인류 자체와 우주의 더 나은 이해를 향해 밀어주는 도약인 불연속적 시점들을 기록하는 예언자들이다. 전체적으로 생명의 진화와 마찬가지로, 인간의 진화는 퇴보의 순간들, 죽음의 끝, 거짓의 단계들, 주저 그리고 침체로 뒤덮여 있다. 전체적으로 바라보면 그것은 동일한 진보이다.

닫힌 사회와 열린 사회, 정적인 종교와 동적인 종교 사이의 구분은, 베르그송의 다른 이분법처럼 그것이 처음 나타났을 때보다는 덜 날카롭다. 그 차이는 정도의 차이가 아니라 본질의 차이라고 그는 주장한다. 그러나 신앙심이 깊은 정적인 형식들은 종교적인 뛰어난 자질이 그것들 속에 주입되면 신비적인 잠재성과 정신적인 힘의 흔적을 보존한다. 즉 인류를 열린 사회로 이끄는 생각들과 감정들은 조금씩 종족의 공동체 내에서 진보를 이룬다. 기독교는 스스로 이교도에 대립되는 것으로 유일하며, 전적으로 열린 종교라고 말하지 않는다. 즉 기독교는 의심의 여지없이 역사적으로 지배적이었지만, 기독교는 그것의 완전한 구현이라기보다는 동적인 정신의 완벽한 입지였다.

부인의 말에 따르면 베르그송은 그의 인생의 말년에 어떤 것도 그를 카톨릭에서 분리하지 못했음을 느꼈으며, 자신이 유대인들과의 연대를 보여주기를 원했기 때문에 세례를 거부했다고 언급되어졌다. 그러나 마리탱(Jacques Maritain)의 부인인 라이사 마리탱은 비록 그 사건의 날짜를 알려줄 수는 없지만 그가 비밀리에 세례를 받았다고 진술했다. 이것이 사실이라면, 그는 그의 아내에게 그의 공식적인 개종을 숨겼던 것이다. 카톨릭으로 개종한 이집트의 유대인 조르주 카타위(George Cattaui)는 그가 가졌었던 베르그송과의 대화 속에서 그는 예수의 신성과 성사(聖事)의 효능을 얻었던 것 같다고 보고한다. 우리는 후에 베르그송 철학에 대한 카톨릭의 반동을 토의할 것이다.

종족의 도덕과 보편적인 도덕 사이에는 본질적으로 차이가 있다는 것이 그럴 듯한 가정이라고 나는 믿는다. 또 동일하게 종족의 종교와 보편적인 종교 사이의 차이가 말해질 수 있다. 더욱이 나는 신비적인 경험이 종교의 역사에 있어 대단한 중요성을 가지며, 그것의 철학적 의미는 확실히 탐구해볼 문제임을 부정하지 않는다. 원시적인 신적 에너지의 현시로서 신비주의에 관한 베르그송의 지속적인 해석에 관해 말하자면, 그것은 철학적·종교적 선택의 결과이며, 역사적인 탐구로부터 배타적으로 추론할 수 없다.

베르그송 형이상학의 다른 영역에 관해 우리가 했던 언급을 반복해보자. 즉 그의 믿음은 진실일지 모르겠으나, 역사적인 연구의 규칙을 따르는 물질적 검사의 근거에 대해 신뢰할 수 없다면 그것은 정당화될 수 없다. 베르그송은 조사의 경험적 특성을 반복해서 강조했지만, 경험에 관한 사고는 근대 과학이 인정하는 분석적 엄격함보다 훨씬 넓은 것이었다(물론 그는 이 차이를 잘 알고 있었으며, 과학과 과학주의를 구별했다).

누구에게나 가능한 표현을 할 수 없는 시대경험과 보기 드문 신비적 경험, 이 둘은 베르그송의 형이상학을 구성하고 있는 재료 속에 포함된다. 그는 또한 실험적 과학이 왜 그것의 목적을 위해 추천한 방법으로 경험의 개념이 억제되는가에 대한 이유가 없다고 믿었다. 사람들은 이런 억제에 선천적인 이유가 없다고 논증할 것이다. 즉 그것들의 실질적인 이유는 사람들이 유사한 방법들과 동일한 논리적 구조를 사용해서 동의하게 될 수 있는 영역을 그들이 묘사한다는 것이다.

반면에 이런 동의는 만약 경험의 사고가 확장된다면, 개방된 영역에서는 획득될 수 없다. 그러나 만일 이 논증이 합리적이라면, 이런 제한 속의 문제들을 진리라기보다는 오히려 지식의 일치이고 효능임을 암시한다. 그리고 일치와 효능은 별 문제로 하고, 사람들이 어디에서든 그들이 발견하길 원하는 진리를 추구하지 못하는지에 대한 어떠한 이유도 없다.

7. 비판과 추종자들

이성론자들의 비판주의 : 줄리앙 벤다

 영향력 있고 독창적인 사상가들처럼 베르그송(Henri Bergson) 역시 《창조적 진화(*Creative Evolution*)》의 출판 이후 비판의 대상이 되었다. 그 비판은 주로 두 반대 진영에서 이루어졌다. 이성주의자들에게 있어 그의 철학은 분석적 이성의 격하와 다를 바 없었다. 즉 그들이 보기에 그것은 반미신적 통찰력으로 과학의 엄밀함을 대체시키려는 시도였다. 정통 토마스주의자들은 베르그송이 주장한 범신론과 유명론에 대해 공격하였으며, 그가 가장 강력한 철학적 대변자든 아니든 간에 대부분의 유럽 국가의 로마 카톨릭 교회에 두루 확산된

무서운 질병인 카톨릭 모더니즘(Catholic Modernism)의 커다란 동맹자로서 그를 보았다.

프랑스 이성주의자들 가운데 베르그송과 가장 비타협적인 인물은 바로 줄리앙 벤다(Julian Benda)였다. 그는 연속적으로 출판한 두 권의 책(《베르그송 철학 혹은 운동의 철학(*Le Bergsonisme, ou une philosophie de mobilit*, 1912)》, 《감동적 철학(*Une philosophie pathétique*, 1913)》)과 그리고 수많은 논문에서 데카르트(René Descartes) 전통을 기준으로 베르그송주의를 단순히 잘못된 철학으로서뿐만 아니라, 일반적 문화의 타락에 대한 명백한 증후라고 비난했다. 그가 보기에 추리적 사유를 대치시켜 우리에게 절대적 실재에 대한 더 높은 통찰력을 제공하려 했던 것은, 비록 검증할 수 없고 부당하다 할지라도 수동적 감정에 대한 야만적 호소였다. 베르그송의 모든 주장에도 불구하고 그것은 '방법'을 산출하거나 어떤 결과를 만들 수 없다.

베르그송의 주요 공격 인물 중의 한 명인 스펜서(Herbert Spencer)와 같은 과학자들은 실로 진화운동 그 자체, 즉 운동의 '실체'를 이해하는 데 실패했다. 그렇지만 그들은 결코 이런 불가능한 지식에 도달할 수 있는 것처럼 위장하진 않았다.

베르그송이 주장한 지성의 결점은 운동에 대한 설명의 부족이었나. 즉 그것은 베르그송이 발견했다고 주장한 류의 설명이 일종의 가공적 임무였기 때문에, 그리고 베르그송과 제임스(William James)가 무엇을 상상했든 간에 정의에 의해 지식의 대상으로 될 수 없는 그 절대성에 대한 그릇된 추구였기 때문에 그것은 부동성에 대해 설명할 수 없었고, 그렇게 하려고 노력조차 안했다. 베르그송의 저작은 생명 혹은 생명에 대한 반성이기를 원했는가? 생명의 모방, 더 정확히 말하자면 그것의 설명인가?(《베르그송 철학 혹은 운동의 철학》, p. 45)

베르그송은 과학자들을 '기존의 범주들 속에 사실들을 집어넣는 매니아'라는 이유로 비난한다. 그러나 그것은 뉴턴(Isaac Newton : 1642~1727)으로 하여금 돌이 떨어지는 것과 동일한 법칙에 의해 행성들이 움직인다는 것을 발견하도록 했고, 라보아지에(Antonie Lavoisier : 1743~1794)에게는 호흡작용이 산화반응의 한 형태라는 것을 확립하도록 했으며, 그리고 맥스웰(James Maxwell : 1831~1879)에게는 빛의 진동이 유전체의 분극작용이라는 것을 발견하도록 했다. 본능의 다양한 직관을 위해 지식과 언어를 제거시키고자 했던 베르그송은 이것들을 경멸했다. 그의 '철학적 의지'에서 우리는 '동일성에 대한 깊은 증오와 한 사물이 잠시 동안 그 사물일 수 있다는 생각에 대한 혐오, 그리고 운동 더 정확히 말하자면 모순과 비존재성, 그리고 한 사물이 그 사물이며 동시에 그 밖의 것이라는 개념에 대한 열정을(같은책, p. 131)' 발견한다.

그러나 벤다는 베르그송주의가 엄밀히 말해 우리 시대의

7. 비판과 추종자들 139

철학이라고 주장한다. 베르그송주의는 유행과 그 시대, 즉 우리가 '직접성'에로 들어가는 것을 약속하는 대신 추상적 개념을 구성하는 철학을 포함한 과학, 지성, 그리고 지적 노력들에 대한 증오의 시대에 만연된 경향들을 비난한다. 지식에 대한 엄청난 증오는 항상 존재해왔다— 고대에 폭도들이 간혹 철학자들을 살해하지 않았던가? — 그러나 그것은 우리 시대와 구분되는 일이 되었다. 즉 여성적이고 수동적인 요소들의 우위는 예술을 포함해 문명의 여러 영역에서 찾아볼 수 있다. 무지한 사람들은 과학이 그들에게 절대적인 확실성을 제공해야 하고, 그렇게 하는 것이 실패하면 과학이 그것을 책임져야 한다고 생각한다. 그들에게 과학이 약속을 파기했다고 믿게 하고, 감정활동으로 사물의 '본질'을 파악하는 방법을 대신 제공한 사람이 바로 베르그송이다.

베르그송주의에 대한 벤다의 지적은 단순히 지식이 정의상 개념적이며, 그리고 추상적 개념을 제거하는 것이 지식에 모든 가능한 방식들을 전달하는 것과 다를 바 없는 것처럼 보인다. '그러나 우리는 무엇인가를 말하도록 결정했던 철학이 대상을 포기할 것이며, 그 대상의 본질적 모습은 우리가 결코 그것에 대해 아무것도 말할 수 없는 대상이라는 것을 잘 이해할 수 있다(《감동적 철학》, p. 28).'

베르그송은 우리에게 어떻게 우리가 알 수 없는 것에 몰두할 수 있는가를 가르치며, 그리고 이것을 통해 어떻게 더 훌륭하고 더 나은 지식을 성취할 수 있는가를 논의한다. 철학은 이성에 상응하는 것으로 이성에 정의들을 제공해서는 안된다. 즉 베르그송 철학은 엄밀하고 논리적인 것을 비웃었다. 그리고 그것은 문학적 장르, 즉 진리에 대한 탐구라기보다는 유희여야 한다. 철학은 전율을 야기시키기 위한 도구, 직접적으로 어떤 의미의 성적 친밀성으로 사물들과 교감하기 위한 도구, 관념들과 논의들을 포기하기 위한 도구가 된다. 사실 베르그송은 철학이 시적인 것이 아니라고 지적한다. 그는 단지 독특하고 단일하며 인상들의 가능한 원천을 중시한다. 그는 일반적이고 추상적이며 무수히 표현가능한 모든 것을 경멸한다. 그는 순수한 '생성'의 숭배와 운동에의 숭배에 대해 설교한다. 그리고 그는 우리 각자가 자신을 좀더 가까이서 살펴보면 존재의 원리를 파악할 수 있으며, 이 원리는 우리의 감정과 동일한 속성을 갖고 있다고 믿게 한다. 의식에 대한 어떤 개념적인 분석도 우리의 내적 생명에 대한 시도일 수 없다.

도덕적 여성성, 불안정, 순수한 행위에 대한 흥분된 찬미, 즉 언어와 논리 그리고 상식적이고 사회적인 모든 것으로부터 가정된 자유는 탈혁명적 문명의 표지판이다. 그 속에서 철학은 지성적 규율과 노력을 포기함으로써 대중인형이 되고, 더욱 탁월한 의미로서 과학을 가장하게 된다. 데카르트주의는 이성에 대한 숭배를 통해서 귀족정치의 철학이 되었고, 반면 베르그송주의는 감정만을 필요로 하는 민주주의 정신을 표현한다.

벤다의 절대적 비평은 비록 어떤 면에서 공정치 못하지만 완전히 미완성된 것은 아니었다. 그 비평은 베르그송이 과학과 지성을 대치시키는 것이 직관의 요구라는 것을 결코 제시하지 않는 한에서만 부당하다. 그의 저술들과 비네(Alfred Binet : 1857~1911), 보렐(Émile Borel : 1871~1956)과 같은 비평자들과의 제휴 속에서 그는 직관에 호소하는 수학과 물리학 자체는 결국 절대성을 성취할 수 없으며, 형이상학 역시 그들의 임무를 완성시킬 수 없다고 하였다.

 물리적·화학적 분석은 생명과 의식의 본성을 파악할 수 없다. 그렇다고 이런 분야에서 그들의 노력이 비논리적이라는 것을 의미하는 것은 아니다. 그것은 단지 우리가 생명과 의식에 대한 특수적이고 본질적인 것을 이해하기 위해서는 실험적 과학이 제공하는 것에 만족해서는 안된다는 것을 의미할 뿐이다. 즉 우리는 본능과 동일한 생명의 에너지에 근거하는 '생명의 의미'를 사용해야 한다. 그리고 이런 경험을 탐구하고 개발해야 하는 것이 철학의 임무이다.

 만일 베르그송이 벤다의 비난으로부터 벗어날 수 있다면, 그는 이성적 비평가들에 의해 야기된 미신을 정당화시킨 혼란의 죄인이다. 그에게 있어 철학은 하나의 과학일(그가 1987년 자네Janet의 책에 대한 그의 서평에서 그것을 실었던 것처럼, '절대자에 대한 비교과학', '신에 대한 인간과학') 뿐만 아니라, 언어적 '상징들'이 없음에도 불구하고 실험적이고 수학적인 학문과 비교되었던 이론적 구조에서 표현될 수 있는 결과를 특별한 전체적인 경험에 두는 보다 높은 수준의 지식이다. 따라서 우리가 이런 류의 지식을 통해서 얻는 확실성이란, 그들이 부동적인 형상들을 넘어서지 않고 이미 만들어진 개념적 범주 그대로 실재에 도달하기 때문에 우리가 그 과학에서 발견하고 모은 것을 능가한다.

달리 말하면 베르그송은 우리가 실재를 동화시키는 두 가지 방법을 단순히 묘사하는 데 만족하지 않고 각각의 장점에 대한 가치평가를 한다. 우리가 앞에서 말한 것처럼, '지식'이라는 용어는 명제적 지식만을 보유하게 되고 우리에게 인식적 가치를 감정과 지각의 '질적' 측면의 탓으로 돌리는 것을 그만두게 하고, 신비적 경험은 유치한 환상에서처럼 선험적으로 경시되며, 지성은 근대과학에 작용되는 법칙들의 범주와 공존해야 한다고 강요받을 어떤 이유도 없다.

그러나 베르그송은 이것보다 더 앞서간다. 그에게 있어 직관적 경험에 근거한 형이상학은 전체, 본질, 사물의 영혼을 파악한다. 반면에 분석적 탐구는 그들이 우리의 개념적 도구로 조직되어 있기 때문에 그것이 공리적 기준에 따라 실재적 흐름을 제기하는 상대적이고 고정적인 측면들에 만족해야만 한다. 왜냐하면 누구나 전체를 소유하는 부분을 갖기 때문에, 우리가 직관적 경험으로부터 획득한 결과들이 그러한 문제 모두를 포함한다는 비교로부터 이끌어진 것은 당연한 것 같다.

마찬가지로 우리가 왜 분석적 지식을 필요로 하는지는 별로 분명치 않다. 바꿔 말해서 베르그송은 형이상학이 과학을 없어도 되는 것으로 여김에도 불구하고 그것이 모든 주장을 이루고 있다고 제시하는 것 같다. 이런 애매성은 이데올로기적 편견과 적대감 그리고 시험 중인 원리의 풍자된 표현에도 불구하고 벤다와 러셀(Bertrand Russell : 1872～1970)같은 이성주의 비평가들의 공격에 대한 어떤 빌미를 마련해준다.

비록 그가 결코 이데올로기적 용어로 그것을 명시하진 않았을지라도, 베르그송의 반이성주의는 숨겨진 반기계적 경향을 수행하는 것 같다. 반면 우리는 그가 기술학적 발전을 인류의 정신적 진보에 대한 그의 일반적 관심에 포함시켰다고 보았다. 그 점은 베르그송이 창조적 의지라고 믿었던 것이 수동적 의지로 더 잘 묘사될 수 있다는 것이다. 그는 우리가 그것을 지배하기보다는 마음의 분석적 힘을 표현하고 증대시키고 추상과 수를 사용함으로써 '지배자' 그리고 '자연의 소유자'가 될 수 있다는 것이다.

자연을 극복하는 인간의 '권력에의 의지'가 표현된다는 것은 삶에 대한 기쁨도 아니고 신적 에너지와 부합되려는 시도도 아니다. 그것은 오히려 추상적이고 계산적이며, 분서저이고, 그것의 전체성과 단일성 속에서 존재하는 있는 그대로의 세계에 대한 거부이며, 기술적 진보는 우주의 단일성에 대한 매력에서가 아니라 세계를 가능한 여러 측면으로 해부하려는, 그리고 양적으로 가능한 그것들을 만들려는 노력의 결과였다. 따라서 아무것도 남아 있을 여지가 없는 마음에는 많은 것이 상실된다. 그러나 손상되지 않은 조화를 기대하기보다는 다양한 인간의 열망과 가능태 사이에 불가피한 충돌과 긴장을 허용하는 것이 더 이성적인 것처럼 보인다.

카톨릭 비평자 : 마리탱

사실 프랑스에서 뛰어난 토마스트 철학자들 — 마리탱(Jacques Maritian), 가리구-라그랑주(Garrigou-lagrange), 세르띠앙주(A. D. Sertillanges), 드 통께데끄(J. de Tonquédec) — 은 베르그송의 원리와 싸우는 것을 그들의 의무로 생각했다. 베르그송의 저작이 지적인 삶에 새로운 상황을 창조했다는 것은 명백하다. 따라서 동조자들이든 적대자들이든 '신철학(New Philosophy)'이 지시했던 용어로 그들 자신을 정의해야만 했다. 어떤 점에서 토마스주의자들은 이성주의 비평자들과 연계했다.

베르그송의 '반지성주의'의 확산과 이성에 대한 경멸은 형이상학적 윤리에서뿐만 아니라 카톨릭의 신앙에서도 위험한 것처럼 보인다. 그러나 그들은 비타협적 태도의 정도에 따라 서로 구분된다. 세르띠앙주는 다른 사람보다 더 이교도의 교리를 '정화시키고', 그것의 에너지가 기독교의 주장에 유용하게 지시받는다는 것을 승인하려고 했다. 그는 베르그송적 사유의 궁극적 결과는 아직 알려질 수 없었기 때문에

1914년의 유죄판결이 정당하다고 주장한다. 그러나 《도덕과 종교의 두 원천(Two Sources of Morality and Religion)》은 기독교적 영감을 밝히고 있다.

베르그송 사후에 세르띠앙주는 그를 '밖으로부터의 변호자'라고 불렀다. 베르그송은 유물론자의 독단에 대항해 싸우고, 자유와 의식의 존재론적 독립성을 주장하며, 진화적 과정의 창조성을 드러내고, 도덕을 순수한 사회적 용어로 해석하려는 시도를 지각하고, 그리고 종교사의 절정을 예수 그리스도에서 찾으면서 세례자 요한의 저술을 되풀이했다. 즉 그는 하느님에 대한 통로를 열었다.

마르탱은 그렇게 승인할 마음이 없었다. 그의 반 베르그송 저서인 《베르그송 철학(La Philosophie bergsonienne)》의 1947년판 서문을 보면, 베르그송이 《도덕과 종교의 두 원천》에서 그의 초기 사상들을 넘어섰지만, 그는 그때까지 이전의 비판을 완벽하게 정당화했다고 주장했다.

이러한 비판은 베르그송 저작의 모든 측면으로 확대된다. 마리탱에 따르면, 베르그송의 철학은 우리의 관념들이 실재에서 갖고 있는 모든 상대개념과 존재라는 바로 그 개념을 고의로 제거하는 본질이 없는 것이다. 칸트(Immanuel Kant)처럼 베르그송은 추상개념을 공허한 형식으로 간주했다. 비록 감성의 선험적 유형이 없다고 할지라도 그것들은 실재에 접근하는 도구라기보다 오히려 도구를 만드는 사람(homo faber)의 실천적 태도이다. 결과적으로 인간의 지성은 자연스럽게 떼느(Hippolyte Taine)의 학설에서처럼 기계적으로 되어 우리의 지적 삶은 유물론적 용어로 해석되어질 것이다.

유물론으로부터 벗어나는 것은 직관의 작용에 의해 제공되어진 것으로 가정되는데, 직관의 작용은 지성을 넘어서며 우리를 순수한 '구체'로 몰입하게 한다. 결과적으로 어떤 이성적 형이상학도 불가능하다. 베르그송의 직관은 본능의 다양성으로 사실 지성보다 열등하며, 따라서 양자 모두 퇴화된다. 토마스주의자의 범주에서 묘사된 것처럼 진정한 직관은 지적 행위이며, 비록 지각되지는 않지만 지각된 실재에서 고유한 존재를 이해하는 행위이다. 즉 지성을 물질에게 양도함으로써 베르그송은 인간 본성을 더럽히며, 마니교도의 오류에 제물이 된다.

우리의 정신적 실재와의 접촉은 그것이 공허한 개념들이기 때문에 반자연적이고 반지성적이다. 여기에서 베르그송은 그가 플로티누스(Plotinus)를 통해 융화된 불교적 전통을 따른다. 그의 명백한 장점은 생물학을 기계론의 구속으로부터 자유롭게 하고 생명의 복원불가능성을 증명하기 위해 삶의 절대적인 사실로 인식적 행동을 대치시켰다.

베르그송 형이상학의 또 다른 근본적인 약점은 가능태와 현실태 사이의 적절한 차이를 구분하거나 혹은 양쪽의 실재성을 인정하는 것에 대한 실패이다. 왜냐하면 베르그송은 시간 자체를 창조적으로, 즉 시간 속에는 결실을 가져오는 어떠한 가능태도 없다고 보기 때문이다. 우리가 가능적이라고 부르는 것은 사건 이후에 그 과정에 대한 우리의 이해의 결과에서만 가능하다. 따라서 가능성은 실재성에 선행하지 않는다. 결과적으로 모든 것은 실재 내에 있다. 따라서 주어진 순간에 사물들은 그들이 존재할 수 있는 것이 된다. 물론 이것은 실체의 개념에 대한 베르그송의 완전한 포기와 일치된다. '존재하는 것'은 '변화하는 것'으로 바뀐다. 그러므로 변화는 본래적이고 근본적인 실재이다.

필연과 우연 사이의 구분은 추방되며, 따라서 변화는 자립적이고, 우연적 사건은 그들 자신이 원인이다. 그러므로 베르그송의 의도가 무엇이든, 신과 세계 사이의 어떤 실재적이고 본질적인 차이도 개념적으로 표현될 수 없다. 그리고 신은 단지 범신론적 용어로만 기술될 수 있다. 신은 끊임없는 창조에너지의 중심이다. 따라서 우리는 한정적 대상 속으로 몰두할 때 우리가 실행하는 직관과 동일한 작용에 의해서 신에게 도달한다.

실제로 신적 존재는 단지 정도의 차이에 의해서만 사물의 존재와 구분된다. 창조행위는 단지 신 자신의 확장일 뿐이고 사실 우리가 다루는 것은 창조자 없는 창조이다. 그래서 베르그송에 있어서 무는 무의미한 단어이기에 무로부터의 창조는 정의상 인식불가능하다. 신 혹은 인간의 창조성은 이성의 부재인 순수한 자연성으로 환원된다. 이 과정 속에는 어떤 것도 안정되지 않으며, 어떤 실체적인 단일체도 없고 심지어 진리도 없다. 즉 지성은 진화에 의해서 위조된 실천적 도구이다. 따라서 그러한 작용은 단지 인식적 의미에서가 아니라 공리적 의미에서만 평가될 수 있다.

마리탱에 따르면 베르그송 철학이 기독교의 교리와 양립할 수 없다는 것은 명백하다. 베르그송에 따르면 신앙이란 나타난 진리에 대해서 지성에 의해 주어진 동의라기보다는 순수한 내적 경험이다. 실재는 개념으로 표현될 수 없기 때문에 독단적 형식은 우리에게 지식을 전달할 수 없다. '베르그송의 이론은 그 스스로 진화 속에 존재한다는 어떤 종교적 느낌을 일시적인 그리고 막연하게 개선할 수 없는 표현처럼 독단적인 관점에로 은밀하고 불가피하게 인도된다. 만일 어떤 영원한 진리란 없고 그래도 만일 공리들이 전개된다면, 마찬가지로 왜 독단적 견해는 전개되지 않는가?(《베르그송 철학 혹은 운동의 철학》, p. 167)'

베르그송주의는 신앙과 이성 양자의 파괴를 의미한다. 그것은 지성의 노력에 의해 도달될 수 있는 신을 부정한다. 그것은 무로부터의 창조를 부정하며 신과 세계간의 실제적인 차이를 부정한다. 베르그송주의는 자유의지와 인간 영혼의 실체적 단일체를 부정한다. 그것은 육화(肉化)의 관념(인격성이 변화에 의해 부정될 때), 성체라는 카톨릭 개념(실체와 우연간에 어떠한 차이도 없을 때) 또는 요한 계시록(인격적 경험이 종교적 문제를 헤아리는 모든 것일 때)과 화해될 수 없다. 마리탱은 사보나롤라(Girolamo Savonarola : 1452~1498)를 회고하는 진술에서 그의 비평을 다음과 같이 요약한다.

'신이 하늘과 땅을 창조했다고 믿고, 성찬대의 성찬식을 믿는 가난한 농부는 플로티누스, 스피노자(Baruch Spinoza), 베르그송보다 진리, 존재, 실체에 대해 더 잘 안다(같은 책, p. 306).'

마르탱의 비판은 베르그송의 철학이 토마스주의자의 이론, 그리고 교회에 의해 공식적으로 해석된 것으로서의 카톨릭 신앙과 양립불가능함을 논증했다는 점에서 설득력이 있다. 왜 그것이 진리의 소유자인 베르그송보다 오히려 성 토마스인가 하는 것은 별개의 논쟁이다. 마르탱은 분명히 세계는 아리스토텔레스적 토마스주의자의 개념적 구조를 통해서 볼 때 이해될 것이라고 믿는다. 즉 베르그송은 그 스스로를 위해서 세웠던 범주들에 대해 마르탱과 같은 믿음을 공유했다.

베르그송과 모더니즘

마르탱의 논의는 그가 카톨릭적 모더니즘의 경향성과 베르그송주의를 유사하게 볼 때 설득력이 있다. 1926년의 둘째판 서문에서 그의 책이 모더니즘적 분위기로 출판되어졌다고 썼다. '이 시기는 많은 젊은 사제들이 단지 생성, 내재성, 신앙의 표현에 대한 혁명적 변화, 항상 일시적이고 불완전한 독단적 형식을 통한 신성함의 굴절, 모든 추상적 지식에 대한 나쁜 영향들, 자연의 질서의 더 높은 진리를 규명하는 데 있어 '개념적' 이성의 무능력, 모순원리의 우상숭배적이고 미신적인 특성을 말했던 시기일 뿐이다(같은책, p. 14).'

양자 모두 독립적으로 나타나 발전되는 동안, 베르그송 철학이 새로운 경향으로 기독교에 집중했다는 것은 의심할 바 없다. 모더니즘 운동의 가장 저명한 저술가인 에두아르 르로이(Edouard Le Roy)는 베르그송 이론의 가장 열광적인 선전가였으며, '실천학'에 관한 그의 책에서 그것의 복잡한 문제를 맨 처음에 다루었다.

20세기 초엽에 모더니스트 운동은 유럽의 카톨릭 지성인들 사이에 폭넓게 퍼졌다. 그것은 교회의 가르침과 그 시대의 지배적 경향에 일치하는 정신으로 교회의 권위적인 체계를 근대화하려는 것이다. 모더니스트들은 성서학계에서 교회의 권위를 의문시했고, 역사적 탐구의 규범적 척도에 의해서만 성서해석 작업이 지배되었다고 주장했다. 또한 그들은 — 특히 알프레드 르와지(Alfred Loisy)같은 사람은 — 그들의 비판을 복음의 중요한 부분에 적용했다.

그들의 견해에 따르면 복음은 단지 초기 기독교 사회의 신앙에 관한 표현일 뿐이며, 오류 없는 신에 의해 영감을 받고 쓰여진 기록이 아니다. 그들은 적절한 계시가 추측적으로 신에 의해 구술된 잘 정의된 책이라기보다는 신에 의한 개별적 의식의 계몽이라고 주장하면서, 그리고 교회의 독단은 불변의 진리라기보다는 기독교인들이 역사적인 환경에 따라 그들의 신앙을 표현한 일시적이고 변화가능한 형식들이라고 주장하면서 계시와 독단적 의미를 변경했다. 즉 독단의 의미는 인식적인 것이 아니라 실천적인 것이다. 그들은 신앙 속의 예수와 예수의 역사적 모습간의 차이를 구분했으며, 예수가 문학적 의미에서 신의 아들이었다는 믿음을 의문시했다. 교회의 가르침에서처럼 그의 죽음의 의미는 성 바울에 의해 정교화되었다. 그들은 독단과 송찬예식의 혁신을 말했고, 후자를 초자연적 재능이 감수성을 다루는 행위라기보다는 오히려 기독교에 있어서 예수 그리스도의 현전을 인식하기 위한 방법으로 해석했다.

교회의 제도와 교황의 최상의 권위에 관한 모더니스트들의 관점은, 그 위계질서를 포함해서 그들이 예수에 의해서 확립된 불변의 질서라기보다는 역사발전의 결과였다는 것이다. 동시에 르 로이는 과학을 일상적 의미에 있어서 진리라기보다 경험의 상징적 법문화라고 보았다. 요약해서 말하면, 신앙에 대한 르 로이의 해석은 주관주의자와 역사주의자의 해석이었다. 그것은 형이상학적 사색이든 역사적 탐구이든 간에 신에 대한 지성적 방법의 노골적인 부정을 포함한다.

분명히 모더니스트들은 그들을 기독교인으로 확신했지만 반스콜라적이고 반트랜트 종교회의(anti-Tridentine) 태도로 신앙을 해석함으로써 그들은 사실상 교회에서 교육의 모든 지적 도구를 빼앗았고, 그런 연유로 이단의 오명을 벗을 수 없었다. 모더니스트가 만든 65개의 잘못된 진술들은 1907년 7월 교황청에 의해 파문되었고, 두달 후 피우스 10세에 의해 유죄선고가 확정되었다. 즉 반모더니스트의 서약은 모든 사제(그것은 다만 1960년대 초에 제2차 바티칸 공의회에 의해 폐지되었다)들의 의무가 되었고, 이교도에 반대하는 캠페인은 카톨릭 지식층과 교회의 주요 과업이 되었다.

궁극적으로 카톨릭계에서 베르그송 철학의 역할은 애매하다. 한편 그의 책은 과학에 대한 유물론자의 영향을 중화시켰으며 최근의 과학적 발견들, 특히 신경생리학과 진화론이 결코 의식에 대한 비유물론적 개념과 우주에서의 신의 현존에 대한 생각과 충돌하지 않았음을 논증했다. 마르탱 자신은 베르그송 철학이 신을 재발견하고 무신론을 포기하려는 많은 사람들을 도왔다는 것을 기꺼이 인정했다. 다른 한편 베르그송은 개념적 도구는 분명히 교회가 그들의 교리를 해석한 방식과 양립할 수 없다. 그리고 그의 생각의 확장은 위험한 이교도를 강화시켰다. 만일 최종적인 균형이 조금이라도 발견될 수 있다면, 그것은 최종적인 균형을 발견하려는 교회에 달려 있다.

베르그송의 개인적 혁신은 그를 카톨릭의 신앙으로 더 가까이 접근하게 했다. 장 귀통(Jean Guitton)의 증언에 따르면 르와지는 비록 그가 결코 신에 대한 그의 믿음을 포기하지 않았으리라도 고뇌로부터 점점 더 멀어져 갔으며, 범신론을 부조리하다고 간주했다. 1934년 르와지는 그가 신통계보학적(神統系譜學的) 시라고 일컬었던 베르그송의 《도덕과 종교의 두 원천》에 대한 상세한 비평으로 구성된 책을 출판했다. 그

7. 비판과 추종자들 153

는 신비주의의 제한적인 개념을 비판했는데, 그의 견해로는
그것이 정신의 현존과 우주에 있어 사랑이라는 폭넓고 일반
적인 감정이었다. 그는 '정적'종교와 '동적'종교 사이의 날
카로운 이분화를 만드는 것은 불가능하다고 믿었다. 사실상
각각 광적인 신앙형태는 이러한 양쪽 측면들을 모두 나타낸
다. 그리고 기독교를 절대적 시초로 보는 것은 그에게 받아
들여질 수 없다. 닫힌 도덕과 보편적 도덕 사이에, 그리고 마
술과 종교 사이에 어떤 차이도 없는 것처럼, 정적 종교와 동
적 종교 사이에는 어떠한 본질의 차이도 없다. 즉 그것들은
병존하거나 혹은 인류의 동일한 정신적 발전의 단계들로 보
여질 수 있다.

추종자들

베르그송주의는 베르그송 자신과 별개의 것인가? 당대의
후설(Edmund Husserl)과는 달리 베르그송은 자신의 생각을
발전시킬 수 있는 어떤 학파도 남기지 않았다. 베르그송을
찬미하고 선전하고 옹호하는 자들은 있지만, 제자나 지적 계
승자는 없다. 베르그송 철학은 그의 독특한 문학적 양식과
수사적 장치로 매우 충만되었으며, 매우 개인적이고 표현주
의적이었다. 따라서 마르탱과 감정과 공감이 아니라, 관념만
이 의사소통되어질 수 있다고 말하는 것은 아마 과장일 것이

다. 그러나 베르그송은 그 자신의 결론들과 분리된 어떤 적절한 '방법'들도 제시하지 않았다. 그는 다른 사람들을 고무시켰지만 그들에게 깊은 탐구를 위해 이미 만들어진 도구를 남기지 않았다. 그의 연구의 영향은 폭넓게 확산되어 오랫동안 지속되었지만, 그것은 '체계'의 발전이라기보다 오히려 상호관련된 전체를 식별했던 독특한 관념의 연장이었다.

화이트헤드(A. N. Whitehead)의 형이상학은 계속성을 새로움과 조화시키는 그것의 노력과 더불어 베르그송의 영감에 기인한다. 신이 최초의 에너지의 원천으로서 동시에 집합점의 궁극적인 점으로서 나타나는 혁명적 우주생성론을 만들려는 테야르 드 샤르댕(Pierre Teilhard de Chardin : 1881~1955)의 노력이 베르그송 형이상학의 새로운 정교화였다는 사실은 종종 지적되어왔다. 창조적 '생명'과 부동화된 '정신'을 대립시키는 독일의 반이성주의적 생철학은 베르그송 철학에서 몇 가지를 채택했다.

소렐(Georgel Sorel : 1847~1922)은 베르그송의 범주들을 그의 정치철학에 사용해서 마르크스주의자의 역사적 결정론과 싸웠으며, 유일성·단일성 그리고 우연성을 재옹호했던 사유방식을 전파시켰고, 지성적 유토피아주의와 소박한 시도를 제쳐두고 인간 본성에 대한 이성주의적 기술로부터 정치적 프로그램을 추론했다. 볼셰비키즘과 파시즘 속에서 구체화된 제2인터내셔널 이론가들에 대한 그의 비난과 '자발적' 정치에 대한 그의 찬탄은 베르그송의 용어로 표현되었다.

7. 비판과 추종자들

프랑스 실존주의 철학은 보통 채무를 알지 못하는 베르그송의 상속인이다. 물론 사르트르(Jean-Paul Sartre)와 메를로퐁티(Maurice Merleau-Ponty : 1908~1961) 세대는 베르그송의 연구와 잘 조화되었다. 인식적 의미에서 그들 중 누구도 '베르그송적'이지 않은 사람이 없었고, 그들의 생각은 베르그송의 유산 없이는 고려될 수 없었다. 인간의 실존이 궁극적으로 실존의 의식과 동일한 것은 근본적으로 상이한 형이상학 내에서 사르트르에 의해 취해진 베르그송의 원리이다. 베르그송 철학 속에서 이러한 동일성은 전체가 자아와 동일한 본성을 갖는다는 그의 믿음과 관련된다. 반면 의식에 대한 사르트르의 분석은 자기 반성적 존재와 즉자적 세계 사이의 중재할 수 없는 틈에 대한 그의 이론을 뒷받침한다. 자아에 관한 어떤 '실체성'과 의식행위로서의 시간에 관한 기술도 인정하기를 거부하는 사르트르는 베르그송적 기원에 있다. 그 결과 그의 유명론, 가능태와 현실태 사이의 아리스토텔레스적 구분에 대한 부정, 인간 실존에 있어 모든 것은 실재 내에 있다는 인식이 일어난다.

이것은 결코 완전한 묘사는 아니다. 그러나 유럽의 지적 삶에 작용된 베르그송의 사유방식은 어떤 분명한 유형도 보여주지 않았다. 오늘날 단일하고 완전히 성숙된 '베르그송주의'는 거의 발견할 수 없다. 그러나 직·간접으로 베르그송의 영향의 영역을 완전히 넘어서고 있다고 자부할 수 있는 오늘날의 철학자는 거의 없다. 베르그송이 얼마나 빈번히 인용되었고 언급되었든 간에 베르그송의 현전은 우리의 문명으로부터 단절될 수 없다. 일단 그가 나타났다면 철학적 삶은 결코 또 다시 동일한 것이 될 수 없다. 독특한 '진술'의 형식에서 그의 유산의 무엇이 정확히 남아 있는지를 말하기란 아마 불가능할 것이다. 그러나 그것은 분명히 오늘날의 이성주의적 신조의 불확실한 위치와 많은 관계가 있다. 우리가 이러한 결과를 유익한 것으로 보든 해로운 것으로 보든 그것은 선택의 문제이다.

해설

베르그송의 저작들에는 서로 양립할 수 없는 두 철학이 있다는 것은 몇몇 비판가, 특히 마리탱과 한스 유고 반 발타자르(Hans Ugo von Balthasar)에 의해 지적을 받아왔다. 나는 설사 내가 이러한 두 '체계'를 서로 다른 해석들로 기술한다 하더라도 이러한 언급이 참이라고 믿는다.

간략하게 말하자면, 한편에는 코기토(Cogito)의 설명으로 출발하는 베르그송-데카르트주의자(또는 준-데카르트주의자)가 있다. 그는 실재를 시간과 동일시하며, 그리고 시간은 필연적으로 사적(私的)이다(현재만이 진실하고 현재만이 의식에 관계된다). 육체의 기관인 인간의 지성은 진리를 전달할 수 없으며, 그리고 우리의 내적 시간 경험은 표현될 수 없다.

양쪽 입장에서 본다면, 물질에 대한 인식적 접근은 깨져버린다. 실제적인 경험에서 시간의 유일성은 밝혀지며, 의식의 본질은 자유로운 창조성이다. 아무리 사소한 일일지라도, 우리는 모든 행위에서 창조적이다.

다른 한편에서는 베르그송우주론자가 있다. 그의 출발점은 물질과 대조되는 생명 그리고 뇌와 대조되는 영혼이다. 그는 우주진화론뿐만 아니라 일종의 신통계보학을 발전시켰다. 생명과 의식은 창조의 가장 빼어난 산물로서 창조에 대한 신의 노력에 나타난다. 의식은 육체 속에 갇혀 있으며, 자유와 창조성은 결코 그것의 영원한 자연적인 존재방식이 아니다. 그것들은 이따금 그 작용을 멈추지 않는 신의 창조성과는 반대로 나타난다. 닫힌 사회와 정적 종교의 제한을 초월하는 사람들은 그들의 에너지를 신의 약동(élan)으로부터 받는다.

첫번째 설명에서 의식은 무로부터의 계속적인 자기 창조이다. 두번째 설명에서 진화의 전과정에 대한 최초의 방향은 ― 비록 상세하지 않더라도 ― 신적으로 고양되어진다. 첫번째 설명은 신낭만주의적이며, 무제한적인 인간의 창조성을 찬양하는 이단의 노래이다. 두번째 설명은 근대과학을 모더니스트 기독교 철학 속에 동화시키려는 시도이다. 첫번째는 실존주의자이며, 두번째는 범신론자이다.

이러한 두 설명은 연대순의 기준에 따라 구별될 수 없다. 그것들은 베르그송 철학 전체에 걸쳐서 서로 방해하며, 철학적 구성물을 갈갈이 찢어놓는다. 그러나 첫번째 설명이 《의식의 직접적 소여에 관한 시론》과 《형이상학 입문》에 매우 강력한 선물이라고 말하는 것은 당연하다. 두번째 설명은 베르그송의 후기 전개에서 우위를 점하고 있다.

그 분열은 영향력이 있는 철학자들의 경우에서 항상 있어 왔던 것처럼 베르그송 철학이 유럽 문화에 끼치고 있었던 다른 두 종류의 영향에서 자연스럽게 밝혀진다. 데카르트적 측면들은 실존주의 철학자들에 의해 부분적으로 상속받았다. 실존주의 철학자들 중 아무도 낙관주의적 범신론적 우주론을 경솔하게 믿지 않는다. 범신론적 우주론은 테이야르 드 샤르댕에 의해 시작되어 발전되었다.

베르그송주의에 대한 두 설명은 서로 충돌한다. 사람은 동시에 데카르트와 셸링(Friedrich Schelling : 1775~1854)일 수 없다. 그러나 이러한 충돌은 사소한 불일치의 경우가 아니다. 그것은 근대철학과 그것의 끈덕진 유혹에서 가장 괴로운 오점들 중의 하나이다. 코기토와 우주 양자를 인식하고자 하는 지속적인 언어를 발견하는 것은 아마 불가능하다. 일단 우리가 일자로 출발하면 타자에 접근하지 못한다. 만약 우리가 양쪽 끝으로부터 동일한 트랙 위로 달리려고 한다면 우리는 충돌을 한다. 우리는 헤겔적 방식으로 발전의 과정에서 불일치한 두 부분들로 쪼개는 단일한 최초의 직관으로 거슬러 올라감으로써 베르그송의 일관되지 않은 사상을 볼지도 모른다. 양쪽 극단에서 — 실존적 그리고 우주론적 — 베르그송은 인간의 개인적 실존의 유일성과 자동적인 존재론적 상태를 주장하려고 했다. 내적 경험으로 출발할 때 그는 의식을 절대적 창조자로서 발견했으며, 그리고 시간을 그것의 속성으로 만들었다. 따라서 그는 시간을 신적인 예술가의 작업으로 주장했다. 시간을 동일한 언설 내에서 두 방식으로 갖는 것은 불가능하다고 증명했다.

인명해설

리차드 아베나리우스(Avenarius, Richard : 1843~1896)
독일철학자, 취리히 대학의 교수. 경험주의에 대한 그의 설명은 순수경험에 편중된 모든 형이상학적 의문들의 제거에 목적을 두고 있다. 그의 《순수경험의 비판(*Kritik der reinen Erfahrung*)》은 읽기에 매우 어려웠지만, 그는 1차 세계대전 이전에 매우 영향력 있는 사상가였다. 이제는 누구도 좀처럼 그를 읽으려 하지 않는다.

알프레드 비네(Binet, Alfred : 1857~1911)
프랑스의 실험심리학자. 아이들의 지능측정방식의 발명자이며, 연합론 학파의 주요 인물 중의 한 명이다.

에밀 보렐(Borel, Émile : 1871~1956)
프랑스의 저명한 수학자이자 정치가. 소르본과 고등사범학교(École Normale)의 교수. 그는 베르그송의 '기하학적 지능'을 비판했다.

테오도르 아이머(Eimer, Theodor : 1843~1898)
'정향진화'[1]에 근거를 둔 독일의 진화론자. 그는 진화과정을 이끄는 방향에 있어 일종의 내재적인 원칙이 마땅히 인정받아야 하지만, 그것의 목적론적 설명은 거부되어야 한다고 주장했다.

엘레아 학파(Eleatics)
B. C. 5세기 경 엘레아에 집중된 철학 학파에 주어진 명칭. 파르메니데스(Parmenides)와 제논(Zenon)이 이 학파의 대표적인 인물이다. 이 학파의 주제는 존재의 단일성과 불멸성 그리고 변화와 운동의 비실재이다.

에른스트 마하(Mach, Ernst : 1838~1916)
오스트리아의 물리학자이며 철학자. 프라하와 비엔나 대학의

---

1) 생물학적 용어로서 모든 생명은 환경에 관계없이 동일방향으로 진화한다는 학설이다. 사회학적 용어로는 계통진화설 또는 문화의 정향진화설이라고 하며, 모든 문화는 환경에 관계없이 동일방향으로 진화한다는 학설이다.

교수. 그의 급진적인 경험주의 이론은 세계 자체와 그것의 지각 사이의 교량역할의 문제를 제거했으며, 실재를 존재론적으로 중성적인 '요소'로 환원시켰고, 과학적 이론의 타당성을 그것들의 예지력으로 환원시켰다. 주요 철학적 저작으로는 《지각의 분석(Die Analyse der Empfindungen, 1906)》과 《인식과 오류(Erkenntnis and Irrtum, 1905)》가 있다.

가브리엘 마르셀(Marcel, Gabriel : 1889~1973)
프랑스의 철학자이며 저술가. 그는 소위 기독교적 실존주의의 주요 주창자이다. 그의 저작으로는 《존재와 소유(Être et avoir, 1935)》와 《존재의 신비(Le Mystère de l'être, 1951)》가 있다.

쿠사의 니콜라우스(Nicholas of Cusa-Cusauus : 1401~1464)
중세기 말의 가장 위대한 성인 중의 한 명이다. 수학자, 철학자, 교회개혁자, 그리고(1448년부터) 추기경이었으며 《학식 있는 무식(De docta ignorantia)》의 저자. 그의 철학은 강력한 범신론적 학문을 보여주며, 무한적 실재가 특히 신(神)이라 불려질 때 모순의 원리를 사용하는 것이 불가능하다고 강조한다.

어네스트 르낭(Renan, Ernest : 1823~1892)
프랑스의 역사가이자, 언어학자 그리고 철학자. 그 유명한 무신론적인 《예수의 생애(Vie de Jésus, 1863)》의 저사.(지식에 대한 그의 합리적인, 세속적인, 반형이상학적인 접근과 정신의 발전이 그 주요 방법이라는 진보에 대한 그의 신념은 19 세기 후반의 프랑스 지성계에 지대한 영향을 끼쳤다.)

조르주 소렐(Sorel, Georges : 1847~1922)
프랑스의 정치작가, 신디칼리즘의 주요 이론가,《진보의 환상 (*Les Illusions du progrès*, 1908)》과《폭력에 대한 반성(*Réflexions sur la violence*, 1908)》의 저자. 마르크스주의에 어느 정도 영향을 받은 그는 역사에 대한 모든 결정적인 해석을 거부했으며, 창조라는 베르그송의 개념을 역사적 분석과 정치적 투사의 도구로 사용했다.

이뽈리트 떼느(Taine, Hippolyte : 1828~1893)
프랑스의 역사가, 미술비평가이자 철학자.《영국문학사(*Histoire de la littérature anglaise*, 1863~1864)》와《예술철학(*Philosophie de l'art*, 1865)》의 저자. 그는 비록 스피노자와 헤겔학파에 많은 영향을 받았지만, 프랑스 실증주의의 가장 활동적인 주창자였다. 그의 실증주의에는 경직된 결정론, 심리학적 평행론, 그리고 정신현상에 대한 기계적 해석이 포함되어 있다.

피에르 테야르 드 샤르댕(Teilhard de Chardin, Pierre : 1881~1955) : 프랑스의 기독교 철학자, 고인류학자이자 예수회 수도사. 그의 철학적 저작들(《인간형상학(*Le Phénomène humain*, 1955》과《신의 한가운데서(*Le Milieu divin*, 1957)》)는 교회의 검열 때문에 사후에 출판되었으며, 1950년 말엽과 1960년대에 엄청난 인기를 누렸다. 그는 우주진화이론을 완성하였고, 기독교적 지혜와 양립할 수 없는 진화적 탐구가 사실상 그 최선의 표현이라고 주장했다. 그의 철학은 종종 정통 기독교적이라기보다는 오히려 범신론적으로 보였다.

베르그송에 의한 저작들

베르그송의 표준판은 프랑스 대학교 출판부(1970)의 《Oeuvres》이다. 그 책은 다음의 모든 베르그송의 주요 저작들을 포함한다. 《의식의 직접적 소여에 관한 시론(Essai sur les données de la conscience)》, 《물질과 기억(Matière et mémoire)》, 《웃음(Le Rire)》, 《창조적 진화(L'Évolution créatrice)》, 《정신적 에너지(L'Energie Spirituelle)》, 《도덕과 종교의 두 원천(Les Deux Sources de la morale et de la religion)》, 그리고 《사유와 운동(La Pensée et le mouvant)》 그 외 연구자료와 논문들. 이 전집은 원본의 페이지를 따르며, 오늘날의 책에서도 그 페이지를 따른다. 개별적인 저작들은 여러 판이 있다.

《Oeuvres》에 포함되지 않은 여러 문고판들은 프랑스 대학교 출판부(1957~1959)에서 세 권의 《기록과 말(*Écrits et paroles*)》로 출판되었다. 이 책들은 여러 연설문, 서평, 논평들, 편지들, 그리고 리포트들을 포함한다. 베르그송의 요청에 따라 그가 생존시에 출판된 책들만 재판되었다.

《기록과 말》이라는 책은 프랑스 대학(Universitaires de France) 출판부에서 발간한 〈논문집(Mélanges)〉에 구체적으로 첨가되어 재출판되었다. 이 책은 베르그송의 박사학위 논문인 〈아리스토텔레스에 있어서 장소의 개념(L'Idée de lieu chez Aristote, 최초의 불어판은 〈베르그송 연구(Études bergsoniennes, vol. 2, 1949)〉〉의 불어 번역본과 《지속과 동시성(*Durée et simultanéité*)》 그리고 《기록과 말》의 편집자에 의해 생략된 여러 책들을 포함한다.

영어 번역본

*Time and Free Will. An Essay on the Immediate Date of
   Concsiousness*, tr. F. L. Pogson(1910 ; 6th ed, 1950)
Matter and Memory, tr. N. M. Paul and W. Scott Palmer(1911)
Laughter. An Essay on the Meaning of the Comic, tr.
   C. Brereton and F. Rothwell(1911)
Creative Evolution, tr. A. Mitchell(1920)
Mind-Energy, tr. H. W. Carr(1920)
An Introduction to Metaphysics, tr. T. E. Hulme(1912 and 1949)
The Two Sources of Morality and Religion, tr. R. A. Andre and C.
   Brereton(1935)
The Creative Mind, tr. M. L. Andison(1949)

베르그송에 관한 저작

《창조적 진화(*Creative Evolution*, 1907)》의 출판 이후 베르그송 철학은 굉장한 인기를 누렸고, 제1차 세계대전 이후와 1920년대에도 영향을 끼쳤기 때문에 베르그송에 대한 많은 중요한 저작들—분석적이며 비판적인 저작들—이 그의 마지막 저작인《도덕과 종교의 두 원천(*Two Souces of Morality and Religion*)》의 출판 이전에 나타났었다는 사실은 놀랄 만한 일도 아니다. 그러한 초기 저작들 중 르 로이의《신철학, 앙리 베르그송(*Une Philosophie nouvelle, Henri Bergson*, 1912, 영어 번역판 1913)》이 입문서로서 아마 가장 폭넓게 읽혀졌을 것이다. 이성주의자들의 견해로부터 나온 적대적인 비판서는 러셀의 《베르그송 철학(*The Philosophy of Bergson*, 1914)》뿐만 아니라 줄리앙 벤다의 《베르그송 철학 또는 운동의 철학(*Le Bergsonisme ou une Philosophie de la mobilité*, 1912)》과 《감동적 철학(*Une Philosophie pathétique*, 1913)》도 포함된다. 여러 토마스주의자들 중에서 가장 중요한 비판가들은 마리탱(Jacques Maritain, 《베르그송 철학(*La Philosophie bergsonienne*, 1913, 3rd ed. 1948)》), 드 통께데끄(J. de Tonquédec, 《창조적 진화 속의 신(*Dieu dans l'évolution créatrice*, 1912)》) 그리고 세르띠앙주(A. D. Sertillanges, 《앙리 베르그송과 기독교주의(*Henri Bergson et le catholicisme*, 1941)》)이다.

이들의 비판은 약간 비타협적이지만 베르그송의 범신론적 교리와 기독교 전통과의 궁극적인 화해의 여지를 남겨둔다. 1932년 이전에 '신철학'에 오히려 호의적인 접근을 보였던 저자들은 슈발리에(J. Chevalier, 《앙리 베르그송(*Henri Bergson*, 1926, 영문 번역본 1928)》, 카아(W. Carr, 《앙리 베르그송, 변화의 철학(*Henri Bergson, The Philosophy of Change*, 1919)》, 티보데 (A. Thibaudet, 《베르그송 철학(*Le Bergsonisme*, 2vols, 1926)》)를 들 수 있다. 르와지의 《종교와 도덕의 두 원천은 있는가?(*Y a-t-il deux sources de la religion et de la morale?*, 1934)》는 특별히 베르그송의 마지막 저작에 대한 비판적 분석에 공헌했다. 그것은 기독교 비판이 아니라 오히려 종교사에 의한 공격이었다.

베르그송 철학의 모든 주요 측면들을 다룬 이후의 저작들은 대중적인 인물에 대한 훌륭한 일반적 소개서인 바로브(M.

Barlov)의 《앙리 베르그송(*Henri Bergson*, 1966)》과 다소 난해하지만 우아한 저작 특히 베르그송 철학에 대한 최고의 분석가인 블라디미르 장께르비치(Vladimir Jankelevitch)의 《앙리 베르그송(*Henri Bergson*, 1959)》을 포함한다. 베르그송 철학에서 주요 문제들을 밝히는 논의는 바바라 스카가(Barbara Skarga)의 《시간과 지속(*Time and Duration*)》에서 발견된다. 들뢰즈(G. Deleuze)의 《베르그송 철학(*Le Bergsonisme*, 1968)》은 흥미를 끌지만 읽기엔 난해하다. 그 책은 차이와 차이의 개념에 의하여 전체이론을 나타내고자 한다. 베르그송 철학의 여러 측면들은 그의 사후 베귄(A. Beguin)과 테브나즈(P. Thevenaz)에 의해 편집된 논문집 〈앙리 베르그송, 논문과 증언(*Henri Bergson. Essais et témoignages*, 1943)〉에서 논의된다. 그 논문 중 몇 편은 오히려 사망기사처럼 읽혀지지만 다른 논문들은 흥미로운 분석적 노력을 제공한다. 논문 기고자들은 발레리(Paul Valéry), 마르셀(Gabriel Marcel), 슈발리에, 베르거(Gaston Berger)와 세르띠앙주(Sertillanges)를 포함한다. 다른 전집들은 한나(T. Hanna)의 《베르그송의 유산(*The Bergsonian Heritage*, 1962)》과 저널 〈베르그송 연구(*Les Études bergsoniennes*, vol I-XI, 1949~1974)〉를 포함한다.

베르그송 철학에서의 종교적 의미는 아돌프(L. Adolphe)의 《베르그송의 종교철학(*La philosophie religieuse de Bergson*, 1946)》과 구이에(H. Gouhier)의 《베르그송과 그리스도의 복음(*Bergson et le Christ des Évangiles*, 1961)》을 포함해 많은 책에서 논

의된다. 베르그송의 신플라톤적 측면들에 관한 철학은 모제 바스띠드(R. M. Mossé-Bastide)의 《베르그송과 플로티누스 (*Bergson et Plotin*, 1960)》에서 분석된다. 또한 《교육자 베르그송(*Bergson éducateur*, 1955)》이 전기로 출판된다. 테야르 드 샤르댕(Teilhard de Chardin)에 관한 베르그송 영향의 개별적 연구는 바르텔르미 마둘(M. Barthélemy-Madaule)에 의해 《베르그송과 테야르 드 샤르댕(*Bergson et Teihard de Chardin*, 1963)》으로 출간된다. 프랑스 문학계에서 그의 중요성은 프루스트(Proust), 발레리, 페기(Charles Péguy)가 각자 베르그송으로부터 물려받은 것과 그로부터 물려받지 못한 것을 필킹톤(A. E. Pilkington)의 옥스퍼드 박사학위 논문 〈베르그송과 그의 영향(Bergson and his influence, 1976)〉에서 거의 완벽하게 기술되어 있다. 기통(J. Guitton)의 책 《베르그송의 성향(*La vocation de Bergson*, 1960)》은 다른 책에서 찾아볼 수 없는 많은 전기목록들을 포함하며, 베르그송의 생애에서 종교적 감정들과 관념들이 서술되어 있다.

찾아보기

【ㄱ】

가능태 146, 155
가상디(Gassendi) 78
가치평가 142
가리구-라그랑주(Garrigou Lagrange) 144
감정이입 65, 66
개념장치 26
개념체계 25

개별성 107
결정론 28, 39, 44
경험과학 21, 22
경험비판론자 26
경험적 지식 61
경험주의자 52
공간 20, 36, 38, 80
공간적 변위 23
공간적 운동 42
공감 50, 99

공리주의 28
과학주의 23, 65
관념론 69
교황 피우스 9세 89
교훈주의 28
구체적인 통일 52
기계론 28
기계론적 범주 34
기계적 결정주의 42
기계주의 108, 116
기독교 89, 90, 121, 128, 133
《기독교의 가르침에 대하여 (De doctrina Christiana)》 61
기시체험 76
기억 20, 21, 51, 74, 84
기억상실 76
기억의 지속성 30
기층 79
기하학적 공간 35
기호적 표현 51, 56
꼴레쥬 드 프랑스(Collège de France) 14, 18

【ㄴ】
내적 자아 74
논점 선취의 오류(petitio principii) 64
논점을 벗어난 논쟁(exignorantia) 87
뇌생리학 87
니체(Friedrich Nietzsch) 29

【ㄷ】

다시 자르기(recoupage) 24
다윈(Charles Darwin) 25, 88, 95
다윈주의 110
단일성 154
단일체 148
닫힌 도덕 126
닫힌 사회 132
데카르트(René Descartes) 39, 65, 72, 78
데카르트주의 26, 64

도구주의 51
《도덕과 종교의 두 원천(*Two Sources of Morality and Religion*)》 34, 114, 144
도덕법칙 118
독단적 견해 65
돌연변이 95
동등성 38, 55
동시성 45
동어반복 56
동일성 80, 85, 97, 100, 155
동적인 종교 126, 127, 132, 153
뒤르껭(Emile Durkheim) 13, 116
드 통께데크(De Tnoquédec) 144
드뷔시(Claude Debussy) 30
등가성 84
떼느(Hippolyte Taine) 146
라마르크(Jean Lamark) 96

【ㄹ】

라베송(Ravaisson) 83
라이프니츠(Gottfried Leibniz) 39, 92, 105
러셀(Bertrand Russell) 143
레비-브륄(Lévi-Bruhl) 117
루이 뉴베르제(Louise Neuberger) 14
마담 귀용(Madame Guyon) 117

【ㅁ】

마르셀(Gabriel Marcel) 32
마르탱(Jacqew Maritain) 15, 133, 156
마하(Ernst Mach) 26, 78
막시류 곤충 97
메를로퐁티(Merleau-Ponty) 155
메커니즘(Mechanism) 51, 89

메테르랭크(Maeterlinck) 29
모더니스트 150, 151
모더니즘(Modernism) 28
모스(Mauss) 117
목적론 25, 92
몰리에르(Molière) 108
무(nothingness) 103
무로부터의 창조 103
무한성 62
물리적 사건 47
물리적 인과율 45
물질 71
《물질과 기억(Matter and Memory)》 34, 56, 68, 81, 83, 114
미적 지각 60
반결정론자 43

【ㅂ】

반복성 109
반이성주의 54, 56, 57, 58, 143
반지성주의 144
반트랜트 종교회의(anti-Tridentine) 151
범신론 101, 102, 106, 136, 157
《베르그송 철학(La Philosophie bergsonienne)》 145
변형주의 90
병행론 69
보렐(Émile Borel) 141
보편성 107
보편자 70
보편적인 도덕 134
보편적인 종교 134
복원불가능성 146
본석의 도구 52
부동성 33, 53, 137
분석적
—— 기술 60
—— 노력 66
—— 사고 55
—— 이성 63
—— 이성의 가치 24

── 접근 51, 60
　　── 정신 53
　　── 지식 61
　　── 편견 53
분석적 이성 136
분석적 지식 142
분할가능한 공간 35
불멸성 18, 67, 130
불확실성 125, 126
불활성물질 23, 37, 46, 63, 92
비결정론자 25
비네(Alfred Binet) 141
비약(élan) 33
사르트르(Jean-paul Sattre) 18, 155

【ㅅ】

사보나롤라(Girolamo Savonarola) 148
사유의 틀 34

상대론 27
생기론 93
생명 146
생명과학 23
생명에너지 91, 97
생명의
　　── 약동 102, 103
　　── 추진력 96
생명의 비약(life drive) 63
생물학 116
생물학적
　　── 유용성 26
　　── 진화 28
세르띠앙주(Sertillanges) 144
선택기관 68
선험적 57, 102
성 어거스틴(St. Augustine) 39, 61
《성찰(*Meditations*)》 78
세계 내 과정(world-in-process) 91
셸링(F. Schelling) 158
소렐(Georgel Sorel) 154

쇼펜하우어(Arthur Schope-
　　nhauer) 29
순간변이 95
순수
　　── 개념 72
　　── 기억 72, 81
　　── 동질성 54
　　── 반복성 54
　　── 지각 71, 75, 83
　　── 지속 37, 42
　　── 회상 68, 72, 75, 81
순환논증 64
스펜서(Herber Spencer) 34,
　　137
스피노자(Baruch Spinoza)
　　39, 74, 101, 105
시간의 실재성 43
시대정신(Zeitgeist) 29, 30
신　62, 64, 65, 100, 101, 105,
　　116, 120
신철학 144
신경생리학적 85
신경물리학 84

신경물리학적 탐구 74
신경생리학 116, 152
신경생리학적
　　── 자료 56
　　── 접근 115
신낭만주의(Neo-Romsnti-
　　cism) 28
신비론자 55
신비적
　　── 결합 65, 66
　　── 사랑 128
신비주의 127, 128
신예술(Art Nouveau) 29
신적 에너지 90, 121
신통계보학 152, 157
신화 123
신화학적 개념 82
실재 145
실재 시간 20, 21, 34, 38, 46
실재 지속 43
실재론 69
실존주의 157
실증주의 22

찾아보기 179

심리적
—— 결과 37
—— 삶 75
—— 상황 43
—— 요소 42
—— 용어 42
심리학 22
심리학적
—— 결정론 43
—— 삶 75
—— 상황 43
—— 요소 42
용어 42
심신병행론 25, 69
심오한 자아(profound-self)
40, 42

【ㅇ】

아리스토텔레스(Aristoteles)
39, 77, 136
아베나리우스(Richard Avena-
rius) 26
아인슈타인(Albert Einstein)
15
아퀴나스(Tomas Aquinas)
102
아킬레스 34
알프레드 르와지(Alfred
Loisy) 150
앙리 데라 크루와(Henri
Dela Croix) 117
에두아르 르 로이(Edouard Le
Roy) 150
엘레아 학파 35
역설 61
연상론 22
연속성 45
연합의 법칙 23
열린 사회 131, 132
열역학 100
영감 154
영원성 54
〈영혼과 육체(Soul and
Body)〉 67

예술적 창조성 60
우연성 154
우주생성론 154
우주의 생명 20
우주진화론 157
운동성 40, 98
유명론 136, 155
유물론 22
유물론적 환원 116
유사성 95
유용성 26, 27
유일성 40, 50, 107, 154
유한적 정신 62
의도성 125
의미론 73
의사-주관적(quasi-subjective) 29
의사심리학적(parapsychological) 83
《의식의 직접적 소여에 관한 시론(Essay on the Immediate Data of Consciousness)》 34, 36, 114

의식적 삶 36
이데올로기적 편견 143
이분법 41, 47, 60, 72, 91, 133
이성주의 89
인격성 46
인과율 43, 44, 46
인과적공허 44
인식가능한 실재 31
인식적인 도구 55
인식행위 26
인종 124
일반개념 41
일원론 103, 106
잎자아(ego) 26, 52

【ㅈ】

자연주의 28
자유의지 148
장 귀통(Jean Guitton) 152
장 죠레(Jean Jeures) 13
절대성 141

절대적
—— 가치 70
—— 존재 62
—— 실제 50
정당화 56
정신 116
정신과학 59
정신성 58
정신적인 청진(spiritual auscultation) 53, 56
정적인 종교 126, 127, 132
정적 종교 153
제논(Zenon) 30, 34, 35, 37
제임스(William James) 31
조르주 카타위(George Cattaui) 133
조셉 드 통께데끄(Joseph de Tonquedec) 105
존재 20, 62
존재이유(raison d'être) 67, 99, 126
종교과학 23
《종의 기원(On the Origin of the Species)》 89
종족의 도덕 134
종족의 종교 134
주의주의자 29
주체성 회복 29
준동일화 61
준신화적 58
줄리앙 벤다(Julien Benda) 137
즉자적 세계 155
지성 24, 37, 41, 51, 58, 59, 91, 102, 122, 125
지속(Durée) 20, 21, 37, 38, 51, 105
지속과 동시성 115
지식 142
직관 20, 48, 50, 51, 59, 62, 63, 64, 112
직관적 공감 54
진화 28
진화론 87, 152
집산주의 28

【ㅊ】

참된 형이상학 59
《참회록(Confessions)》 39
창조성 24, 98, 100, 101, 157
창조원리 97
창조자 102
창조적
—— 과정 20
—— 에너지 28, 100
—— 원천 64
창조적 의지 127, 143
《창조적 진화(Creative Evolution)》 32, 41, 56, 88, 62, 100, 106, 114
창조적 힘 126
창조행위 146
《철학적 유언(Plilosopical Last Will)》 83
철학적 편견 21, 22, 42, 70, 116
추상적
—— 개념 37, 51, 55, 145

—— 기호 56, 40
—— 노력 100
—— 사고 26
—— 시간 46
카톨릭 모더니즘(Catholic Modernism) 137

【ㅋ】

칸트(I. Kant) 39, 104
칼 마르크스(Karl Marx) 25
코기토(Cogito) 156, 158
테야르 드 샤르댕(Teilhard de Chardin) 154

【ㅌ】

텔레파시 75
패러다임 35
평행론 86

【ㅍ】

표상 71
프로이트(S. Freud) 25
프루스트(Marcel Proust) 30
프로흐샤머(Jakob Frohscham-mer) 89
플라톤(Platon) 39, 105
플로티누스(Plotinus) 105, 127
피상적 자아 40
필연성 44

【ㅎ】

한스 유고 반 발타자르
 (Hans Ugo von Balthasar)
 156
합법성 23
해방 22, 23
현실태 146, 155
형식 24

형이상학 21, 24, 53, 54, 56, 104, 111, 116, 141
《형이상학 입문(Introduction to Metaphysics)》 49
형이상학적 가정 58
화이트헤드(A.N. Whitehead) 78, 154
확실성 53, 65
환원불가능성(irreducibility) 42
회상 73, 80, 84
후설(Edmund Husserl) 18, 153
흄(David Hume) 26, 79
흔적 75
희극현상 106

베르그송 (Bergson)

1 판 1쇄 발행 / 1994. 8. 22
중판 2쇄 발행 / 2018. 6. 1

발행처 / 지성의 샘
발행인 / 김영만
편집장 / 김길형
교정·편집 / 김영임·문경은·김태호·윤영희

출판등록 / 제 4-233호

서울특별시 마포구 합정동 384-43 성진B 302
TEL : (편집) 02-338-2734, 2285-0711
(FAX) 02-338-2722

Copyright ⓒ 1994 by Ji-Sung-Ui Saem Co., Publishers

정가 10,000원

ISBN 89-85345-17-6 94160

*파본 및 잘못된 책은 교환하여 드립니다.
*역자와의 협의하에 인지를 생략합니다.